AF343977

N° 143.   26 Mars 1910

L'ILLUSTRATION
THÉATRALE

Journal d'Actualités Dramatiques

PUBLIANT LE TEXTE COMPLET DES PIÈCES NOUVELLES
JOUÉES DANS LES PRINCIPAUX THÉATRES DE PARIS

13, rue SAINT-GEORGES, PARIS (9°).

1812, au Théâtre Antoine (direction Gémier)

Deux volumes de vers: les *Contes de la Limousine* d'abord, puis *Novembre*, avaient appelé l'attention des poètes et des amateurs de beaux vers sur la sincérité et la profondeur de sentiment, sur la simplicité et la force d'expression de M. Gabriel Nigond. Trois pièces de théâtre: *le Cœur de Sylvie*, joué en 1906 aux Bouffes-Parisiens, *le Dieu Terme*, joué à la Comédie-Française en 1907, *Kérubiane*, joué sur un théâtre à côté en 1909, avaient prouvé aux critiques et au public que ce poète rustique et lyrique était capable d'assujettir élégamment son verbe aux nécessités expressives de l'art du théâtre. Par son œuvre nouvelle, il vient de démontrer qu'il possède admirablement tous les dons du poète dramatique.

Il est arrivé à s'affirmer ainsi de la façon la plus directe et la plus sûre: par la continuité d'un labeur constant et probe, par le culte modeste et fervent de son art. L'histoire de ses relations toutes récentes avec le Théâtre Antoine est, à ce point de vue, édifiante; elle tient toute en deux lettres, dont voici les passages essentiels. La première est de M. Charles Maudru, le distingué directeur de la scène du Théâtre Antoine, et elle est adressée au *Figaro*:

« Vous saviez que Gémier, qui veut bien m'accorder sa confiance, m'a chargé de la lecture de tous les manuscrits que l'on nous envoie. J'ai pris ma tâche à cœur et j'en ai lu depuis trois ans plus de 1.500! J'ai cueilli un soir celui qui portait le numéro 674.

« Le titre d'abord m'a séduit — *1812*. J'ai ouvert un peu au hasard et les premiers vers qui me sont tombés sous les yeux m'ont vigoureusement empoigné. J'ai repris ma lecture du commencement et n'ai quitté mon fauteuil qu'à une heure du matin. Gémier, que j'avais appelé, lisait près de moi; les pages ne se tournaient pas assez vite à son gré. Tous deux, nous étions haletants d'enthousiasme. Nous allions pouvoir jouer un poète au Théâtre Antoine. La pièce n'était pas signée. Le lendemain, à neuf heures, j'étais chez le copiste et une heure plus tard Gabriel Nigond recevait de Gémier un pressant télégramme. »

La seconde est de M. Gabriel Nigond lui-même et, datée du matin de la répétition générale, elle est adressée à *Comœdia*:

« Je suis bien heureux d'exprimer ici ma profonde reconnaissance envers le Théâtre Antoine, envers son grand directeur Gémier et l'admirable compagnie qui l'entoure, Mme Chœirel en tête! Tous rivalisèrent d'ardeur, tous ont bien voulu mettre au service du poète encore débutant que je suis le meilleur de leur dévouement et de leur conscience artistique. Et nul auteur n'est plus ému que moi par tant d'efforts prodigués!... Vous verrez à l'œuvre ces vaillants. Il en est un pourtant que vous ne verrez point, celui qui fut, avec Gémier, le bon génie de l'aventure, celui qui, depuis octobre, se dépensa sans compter pour soutenir l'ouvrage de toute son inappréciable expérience. Je veux parler de M. Mandieu, l'administrateur général du théâtre!

« Et, quel que soit le sort de ces quatre actes, j'estime que je ne devrai jamais regretter de les avoir mis au jour puisqu'ils me valent de trouver ici de tels collaborateurs qui sont, de si bonne grâce, devenus des amis! »

Cet échange de si franches cordialités, de si chaleureuses sympathies, est également à l'honneur de l'auteur de la pièce et du théâtre où il est joué.

***

La critique a généralement bien apprécié dans cette pièce ce que l'auteur y avait mis, c'est-à-dire non point un drame historique mais, plus simplement, l'histoire d'une famille paysanne à l'époque des grandes guerres de l'Empire; elle en a fort apprécié la forme, à la fois populaire et poétique.

M. Henri de Régnier déclare, dans le *Journal des Débats*, qu'il ne découvre guère que des qualités dans ce *1812*:

« C'est un drame émouvant et simple, très habilement construit, sincère et écrit avec émotion et simplicité. Il met en jeu des sentiments très naturels et il met en scène des personnages très « nature ». Nous y voyons une mère et ses fils, des amoureux et des fiancés, des conscrits et des soldats, des villageois et des paysans. Tous ces gens sentent et parlent avec beaucoup de vérité, et M. Nigond les fait s'exprimer en des vers appropriés à leurs caractères et à leurs sentiments, d'une langue claire et nette qui parfois s'enjolive de pittoresque et se hausse à une certaine éloquence rustique. Les propos que prête M. Nigond à ses héros sont toujours vraisemblables et justes. L'œuvre est d'une tenue littéraire excellente, composée et écrite avec un soin et avec un goût qui méritent d'être loués. »

M. Adolphe Brisson constate, dans le *Temps*, que le public a favorablement accueilli ce drame héroïque et familier:

« Cette œuvre est pathétique, par endroit un peu naïve, mais animée d'un souffle large et sincère. »

M. Léon Blum la juge, dans *Comœdia*, attachante, presque émouvante:

« Elle fera couler des larmes, et je ne doute pas que le succès très chaleureux qui l'accueillit à la répétition générale ne se prolonge durant de longs soirs. L'histoire est simple, riche d'événements, bien conduite. »

M. Camille Le Senne trouve également ce spectacle tour à tour émouvant et pittoresque, curieusement mis en scène et il le dit, ainsi, dans le *Siècle*:

« De l'Erckmann-Chatrian adorné de rimes riches par un jeune écrivain qui affirme chaque année sous une forme nouvelle sa maîtrise de poète dramatique. L'accent est sincère, le drame d'une impressionnante simplicité, les développements épisodiques concourent tous à l'effet général — et s'il y a beaucoup de « couplets », la tirade proprement dite est heureusement absente. Bref, l'ensemble de cette composition familière et pathétique doit plaire à tous les publics. »

M. J. Ernest-Charles insiste, dans l'*Opinion*, sur ce point qu'il ne faut pas chercher là des complications de psychologie:

« Gabriel Nigond raconte avec simplicité une histoire violente. Il faut écouter simplement cette histoire. Mélodrame sain et franc; tableau aux détails pittoresques, aux vives couleurs. Action bien ordonnée, rapide et véhémente. De la force dans la précision. Gabriel Nigond sent perpétuellement ce que son récit gagne à ne point s'attarder. Et les spectateurs se laissent entraîner volontiers dans son mouvement. Et puis, Gabriel Nigond a répandu partout je ne sais quelle poésie familiale et champêtre. Enfin, il a écrit en vers clairement ce vigoureux mélodrame. C'est un jeu pour lui que d'écrire des pièces en vers.

« La foule prendra un plaisir extrême à cette œuvre ferme, nette et drue. »

M. Régis Gignoux écrit, de son côté, dans *Paris-Journal*:

« L'auteur de *1812* est un poète simple, et, si l'on peut dire, cordial. Il ne recherche pas des idées trop hardies, ni des sentiments trop subtils, mais ses pensées sont généreuses, il n'hésite pas à les exposer franchement... Et son drame est animé, au Théâtre Antoine, de tout le réalisme lyrique de M. Gémier. »

D'autres, MM. Guy Launay (le *Matin*), Adolphe Adérer (le *Petit Parisien*), Robert de Flers (la *Liberté*), François de Nion (l'*Écho de Paris*), Georges Boyer (le *Petit Journal*), ont rendu, de même, hommage au talent consciencieux et sobre de l'auteur, mais ont cru pouvoir discerner en son œuvre une tendance — non point sans doute systématiquement mais plutôt involontairement — hostile à l'état de la guerre; pour faire de cette constatation un reproche, il faudrait oublier que l'horreur des exterminations inutiles, des massacres stériles, n'est point exclusive du plus pur, du plus ardent, du plus résolu patriotisme; et, de fait, l'auteur, M. Gabriel Nigond, et le directeur du théâtre et principal interprète, M. Gémier, ont répliqué à de telles

(Voir la suite à l'avant-dernière page de la couverture)

1812

PIÈCE EN QUATRE ACTES, EN VERS

par

GABRIEL NIGOND

Représentée pour la première fois, le 1er mars 1910, au Théâtre Antoine (direction Gémier)

M. GABRIEL NIGOND.

PERSONNAGES

Jean Archt, dit Jean	MM. GÉMIER.	Grenadine	Mᵐᵉ JEANNE GRENIER.
François Archt	GEORGES FLATEAU.	Catherine Archt	JEANNE EVEN.
Claude	LEDRA.	Franchue	YVONNE MIRVAL.
Le Père Pitoux	MAXENOR.	Annette	JEANNE FUSIER.
Le Polonais	SAILLARD.	La Mantournie	LÉONTINE MASSART.
Jean-Baptiste	MARCHAL.	Claude	MM. MARCEL ANDRÉ.
Le Saint-Jean	KERGUEN.	Richard	GRILLOUX.
Un Sergent	MÉRET.	Un Soldat	DUTRU.
Un Gamejin	PIERRE LAURENT.		

Soldats, Gendarmes.

Les trois premiers actes en 1812. Le quatrième en 1815.

PHOTOGRAPHIES GERC ET LARCHER

1812

À MES CHERS COLLABORATEURS
FIRMIN GÉMIER,
CHARLES MAURICE
C. M.

ACTE PREMIER

Au printemps. L'auberge de Catherine Archer. Grande salle basse au plafond à solives. À droite, fenêtre ouvrant sur la rue. Plus haut, la cheminée. Au fond, escalier de bois conduisant, vers la droite à la porte d'entrée, vers la gauche aux chambres du premier étage. Sous l'escalier, sorte d'enfoncement pouvant servir de cachette. À gauche, premier plan, une porte, un dressoir chargé de vaisselle. Plus haut, porte ouvrant sur la forge de Janet et sur le jardin ; fenêtre. Au mur, un portrait de Napoléon. Tables, escabeaux, grand fauteuil. Vieille horloge au premier plan, à droite.

Scène première

CATHERINE, FRANCINE, JANET, *dans la forge*

Au lever du rideau, Catherine est assise au coin de la cheminée. Francine, debout devant la grande table, entasse divers objets au fond de deux sacs. Dans la forge, dont la porte est ouverte, Janet travaille, battant l'enclume et chantant à pleine voix. Après un moment, Francine quitte son ouvrage et le regarde.

FRANCINE
Peut-on chanter si clair avec le cœur en peine!
Au matin d'un départ!
Elle soupire, reprend son ouvrage, puis à Catherine.
Les deux gilets de laine,
Maîtresse, où donc sont-ils?
CATHERINE, indiquant un panier sur la table.
Cherche au fond du panier.
Elle se lève pour aider Francine, cherche avec elle, trouve les deux gilets et dit en les rangeant.
Je les ai tricotés pour eux l'hiver dernier,
Le soir...
Montrant la cheminée.
Assise en ce coin-là, ne songeant guère
Qu'ils les endosseraient pour partir à la guerre!
Gros soupir.

Mes garçons!
Tendant un vêtement à Francine.
Donne un coup de brosse à ce manteau.
La Francine!
FRANCINE, prend le vêtement qu'elle va brosser au fond, sur la galerie.
À l'instant!
CATHERINE, continuant à ranger.
Des guêtres... un couteau...
Et puis...
Avec un sanglot qu'elle refoule.
Il ne faut pas, toi, que tu t'attendrisses!
FRANCINE, au fond.
Huit heures vont sonner au couvent des Clarisses!
Et Janet qui travaille encor!... S'il déjeunait!...
Elle redescend. Janet chante plus fort.
Mais qu'a-t-il à chanter de la sorte, Janet!
J'ai cru que le chagrin vous serrait à la gorge!
Regardez-le, devant la flamme de sa forge!
Songe-t-il qu'il nous faut aujourd'hui nous séparer!
CATHERINE
Tais-toi! S'il chante ainsi, c'est pour ne pas pleurer!
Il trouve en sa chanson, vois-tu, meilleur courage
Et se maintient plus ferme en bâchant son ouvrage!
Le mal peut nous frapper! lui doit rester debout!
Laisse-le travailler et chanter jusqu'au bout.

FRANCINE, se jette dans les bras de Catherine.
Mon Janet!
          CATHERINE
     Sois plus raisonnable!
               Elle lui prend les mains.
                    Elle est française!
          FRANCINE
Quand je pense qu'il part si loin, jusqu'en Russie,
Vers la guerre, vers ce massacre, cette horreur,
Et que c'est le vouloir d'un seul, de l'Empereur,
Qui l'y conduit!... Et que nous n'y pouvons rien faire,
Moi, qui suis sa promise!
          CATHERINE
               Et moi, qui suis sa mère!
Et j'ai deux fils, restés pour moi toujours petits,
Si François et Janet ce soir seront partis
Avec tant d'autres pauvres gas, pour s'aller battre!
Nous serons deux, ce soir; hier, nous étions quatre!
L'Empereur a parlé, le plus fort a raison;
La guerre a bientôt fait de vider la maison!
          Long silence.
     FRANCINE, regarde au fond.
Tous les conscrits des champs descendent vers la ville!
     CATHERINE, amère.
J'avais pourtant gagné le droit d'être tranquille,
Ayant trimé mon soûl, sans cesse, à plein effort!
Mes deux fils élevés, mon homme une fois mort,
Je rêve dans notre auberge, encor vaillante et forte!
La forge de Janet s'ouvrait là, porte à porte,
Et François, payant les soupirs, bûcheronnait,
Là-bout, aux alentours! Et le bonheur venait!
     En rêvant.
Quand la saison de bois n'était pas éloignée,
J'entendais à la fois l'enclume et la cognée!
Je songeais: « Ces deux-là qui sifflent en plaçant,
« Et teigneux et gaillards, ce sont les deux garçons! »
Et de fierté mon cœur sautait sous ma chemise!
Mon aîné, l'an passé, le choisit pour promise
Je me voyais, grand'mère, endormant tes enfants
Quand l'Empereur soudain déclare: « Je défends
« D'être heureux! Je veux, toi, garçon, que tu t'en ailles,
« Suis-moi! Je t'offre un sac, un fusil, des batailles!
« Dis adieu! Forgeron, bûcheron, laboureur! »...
     Entre la Mautournée, très vieille femme, couverte d'une
     mante rapiécée.

Scène II

LES MÊMES, LA MAUTOURNÉE

     Les portes de la forge sont à présent fermées.

     MAUTOURNÉE, au fond.
Là vous baissez le nez, puisqu'il est l'Empereur!
     S'approchant.
Le bonjour, Catherine!
          CATHERINE
               Ah! c'est toi, Mautournée!
          MAUTOURNÉE
Je prends le soleil, donc!... La fraîche matinée!
Le printemps verse à boire et les oiseaux sont gris!
     Tombant assise.
Ouf! Je viens dire adieu, patronne, à tes conscrits!
Hein, le chagrin les éloigne, à grands coups de lanière,
Et tu n'as pas dormi beaucoup, la nuit dernière!
Tes yeux sont rouges? Pauvre cœur! Je connais ça!
Mon gas partit...
     Se levant brusquement.
               On dit même qu'il trépasse!
Vous tous, les gens d'ici, le dites et redites!
     Avec colère.
Je dis, moi! que ça c'est pas vrai, langues maudites!
Malgré tous les avis, malgré tous les papiers
Que j'ai reçus, mon fils est debout, sur ses pieds,
Vivait!... Je le sens bien, moi, sa mère, peut-être!
Je le sens mieux que vous tous, mieux que le maître

Mieux que Napoléon l'Empereur, ce boucher!
     Crachant avec dégoût.
Ah! je ne vois jamais ce nom-là sans cracher!
          FRANCINE
Tais-toi, vieille!
          MAUTOURNÉE
               Me taire? Ah! Ah! laisse-moi rire!...
M'envoyer des papiers! moi, qui ne sais pas lire!
Un griffonnage, quoi! Deux mots! Pour m'annoncer
Que mon fils était mort!
     Un silence. Puis:
               Mais je l'ai vu passer,
Votre Empereur!... Il m'a quasi frôlée!
          À Catherine.
                    Écoute!
Je ramassais du bois pour mon feu, sur la route,
Avec la Fanchon Guite et la Banban Margot.
Daniel c'est loin!... Je chantonnais, sous mon fagot,
Seant, boitant, soufflant, geignant, suante et lasse,
Quand la Fanchon crie... « C'est l'Empereur qui passe,
« Au carrefour du Loup! Courons!... » J'avons couru
Et j'ai vu l'Empereur sitôt qu'il a paru!
En gaillarde! Il ressemble à Sébastien le chantre,
Un petit homme, blême et chauve, avec un ventre
Et des yeux trop luisants, pareils à deux couteaux;
Des cavaliers suivaient, traînant de grands manteaux
Et, le long de la selle, un grand sabre qui sonne!...
Et l'Empereur passa sans regarder personne!...
Une troupe de monde était là, qui criait:
— « Vive l'Empereur! » — — La Margot s'égosillait!
Mais je n'ai pas soufflé seulement, moi, ma grande!
Je me pensais: « C'est celui-là qui vient commande!
« Votre Napoléon le Grand, c'est ce petit!
« Ah! ben! »... Juste six mois après, mon fils partit!
     Le père Faroux, le pêcheur de grenouilles, est entré au
     fond, et a connu toute la tirade de la Mautournée.

Scène III

LES MÊMES, LE PÈRE FAROUX

     FAROUX, à la Mautournée.
Poute (1) bête!
          MAUTOURNÉE, se redressant.
Oh! Faroux!... Clos ton bec!... Tu t'embrouilles!
Laisse causer les gens! Va pêcher tes grenouilles,
Pêcheur!
          FAROUX
     Quand pourras-tu crever comme un siècle!
     Descendant.
Ça se risque à juger l'Empereur des Français!
          MAUTOURNÉE
Pourquoi non?
          FAROUX, à Catherine.
          Vous avez, ma foi, trop d'obligeance,
Patronne, d'accueillir chez vous pareille engeance!
C'est trop pousser le soin d'être compatissant!
Je l'écoutais parler; ça fait bouillir le sang!
     À la Mautournée.
Ah! tu l'as vu passer, l'Empereur, toi, vermine!
Moi de même! Et son seul souvenir m'illumine!
Depuis bientôt quatre ans, j'en garde le frisson!...
Oui, nous avions quitté pour le voir, la maison,
Et voyagé durant deux nuits, fait dix-huit lieues,
Avec nos gros sabots ferrés, nos blouses bleues,
Et sans cesse parlant de lui, dont on rêvait!...
Je l'aperçus à l'heure où le jour se levait,
Et déjà le soleil l'éclairait par derrière!
Une foule était à genoux, comme en prière,
Sur sa route, et criant, pour le mieux honorer,
Si fort! que les enfants se mettaient à pleurer!
Un houssier lui tendait des fleurs, toute une botte
De bluets! L'a marmot s'accrochait à sa botte!

(1) Laide, en patois.

Des vieux pleuraient! Il était là, ses généraux
Autour de lui! Surtout, si fier, si grand, si gros,
Si vermeil, son héros, son chercheur d'aventures,
Murat! L'or flamboyait sur toutes les coutures!
La brise, qui soufflait sur ces gens prosternés,
Ployait les plumets blancs des chapeaux galonnés!
On acclamait Murat, dont le cheval se cabre
Et dont les éperons sonnent contre le sabre,
Cependant qu'en avant, tout seul, parmi les cris,
L'Empereur, souriant, en petit habit gris,
Guidait son cheval blanc d'une main ferme et sage
Et nous jetait à tous un bonjour au passage!

À Catherine.

Ceux qui n'ont point vu ça, patronne, n'ont rien vu!
Et, quoi qu'il ait tenté, cherché, voulu, prévu,
Je dis, moi, qu'à son ordre et même à son caprice,
Quand l'Empereur commande, il sied qu'on obéisse!

Regardant vers la Mautournée.

Et qu'on soit bien heureux d'obéir!

MAUTOURNÉE, *entre ses dents.*
                    Vieux pésant!

FAROUX, *s'asseyant à la table.*
Mon pichet! Et du feu pour ma pipe à présent!

MAUTOURNÉE
Obéir! Méchant gueux! Le conseil est facile!
N'empêche que des gas on allés par cent mille,
Si rares sont ceux-là qui s'en peuvent tirer,
Que leurs mères d'avance ont raison de pleurer,
Et de fendre leur cœur en deux dans leur police!

FAROUX
Va-t'en, vipère!

MAUTOURNÉE, *en remuant.*
            Ah! Ah! Demande à Catherine
Combien d'heures, la nuit dernière, elle a dormi!
Au fond.
Ouf! Je m'en vas!... Mais que l'Empereur, ton ami,
Je le rencontre et d'un peu près je m'en approche,
Tirant de sa poche une pierre.
Je conserve pour lui ce caillou dans ma poche
Et te l'assommerai d'un seul coup, comme un chien,
Et vengerai nos fils, en attendant le mien!...

Elle se sauve. Faroux fait mine de la poursuivre. Catherine le retient.

Scène IV

LES MÊMES, moins LA MAUTOURNÉE,
puis FRANÇOIS, puis CLAUDIN et ANNETTE

CATHERINE, *à Faroux.*
Bah! Laissez-la partir!

FAROUX, *la considérant.*
                Vous pleurez!

CATHERINE, *vivement.*
                    Moi, je pleure!

Non!

François a descendu l'escalier.

FRANÇOIS
Quel train!... Bonjour, mère!

Bas, à Francine.
                Écoute!...

FRANCINE, *même jeu.*
                Tout à l'heure!...

FRANÇOIS, *à sa mère, montrant la forge fermée.*
Mon frère est là!

CATHERINE
            Sûr! Dans la forge! À travailler!

FRANÇOIS
Encor!

FRANCINE, *au fond.*
Voici venir Claudin, son ouvrier,
Avec sa sœur!

CATHERINE, *regardant à son lien?*
        Pleurante aussi sous sa cornette!

Pauvre fille!

Entrent de bout Claudin et Annette. Le coffre et le sabre sont mêlés. Elle, toute frêle et jolie, semble bien serrée. Elle tient en main le paquet de couverts de son frère. Lui, petit comme elle, s'efforce d'empoigner sa bonne figure réjouie et de donner sa veste de son chagrin.

ANNETTE
Bonjour!...

CLAUDIN
        Salut!...

CATHERINE
                Bonjour, Annette!

Claudin pose sur la table du salon au second plan, ce qu'il portait, des souliers, enveloppés de toile grise.

CLAUDIN
Salut! Le fier matin pour partir que voilà,
Mautournée!
À sa sœur qu'il pousse vers Catherine.
                Et toi, ne pleure plus? Embrasse-la!
Catherine l'embrasse.
...Vas-tu te mettre à fond le cœur en gribouillage,
Pour la seule raison que je pars en voyage,
Avec ton souvenir au bout de mon fusil!
Eh! ventrebleu, puisqu'il faut partir, allons-y!
Nous reviendrons! Le coffre est bon, la tête est chaude!
Tu reverras ton rire, à ton frérot, nigaude!
La prenant par le bras.
Et qui sera contente et qui fera roaroe,
Si son Claudin revient colonel et baron
De l'Empire, étalant sa croix, en grand' toilette,
Et cousu d'or, de la vabelle à l'épaulette!
Hein, m'entends-tu? Regarde-moi, méchant poulet!...
La guerre te fait peur? La mitraille? Un boulet
Qui ricoche! Un grand sabre! Écoute-moi, bourrique!
Un coup de sabre, mais c'est comme un coup de trique!
On donne avant de recevoir! Paré! Rendu!
Le boulet, tu le vois venir, bien entendu!
En bas?...
Il singe.
        Lève les pieds!... En haut!
Il se baisse.
                Baisse la tête!
À droite!... À gauche!... Vlan! De côté!... Grosse bête!...
Pleurer pour ça, petiote, on n'en a pas le droit!
Pis quoi! Cette Russie est fraîche! Il y fait froid!
Beau dommage! Et fameux chicolat qu'une engelure!
Il sanglote.
Du courage! Du cœur au ventre? De l'allure!
Eh! la sœur à son frère!... Eh! L'Annette à Claudin!
Francine, apporte-moi des oignons du jardin
Je veux chigner aussi!... Vas-tu rire?... Elle pleure!...
Sèche tes yeux!... Souris!... Souris!... À la bonne heure!...

ANNETTE, *riant et pleurant à la fois, à Catherine.*
J'en aurai, du courage et de la fermeté...
Bien sûr!... Mais je ne l'ai jamais, jamais quitté,
Madame Catherine! Et c'est rude, à mon âge!

CLAUDIN, *qui l'entend.*
Ben oui! Nous nous trouvions quasiment en ménage,
Pareils à deux moineaux sans plume, au bec jauni,
Serrés l'un contre l'autre au bord du même nid,
Tournant vers l'inconnu leur petit œil frivole!
Mais le vent souffle, il faut qu'un des moineaux s'en
                                            vole.
Et l'autre piaule un brin, farouche et malcontent!
Ainsi celui qui part vous demande, en partant,
Catherine, du fond de son âme attristée,
D'assurer au restant le gîte et la pâtée!

CATHERINE
Pars tranquille, Claudin, et marche sans souci!
J'en aurai soin! J'en prends l'engagement!

CLAUDIN
                                Merci!

Je suis votre amitié si franche et si certaine!
          À Annette.
Donc, tu vas m'essuyer ces yeux-là, toi, fontaine!
Allons!
          *Elle essuie ses yeux. On entend le marteau de Jean
          résonner dans la forge.*
          C'est le patron qui marche à côté!

CATHERINE

Oui!

FRANÇOIS

     Je vais le rejoindre.
          Il entre dans la forge.

Scène V

LES MÊMES, moins CLAUDIN, puis LA MAUTOURNÉE

CATHERINE

Annette!

...

Scène VI

FRANÇOIS, FRANCINE

FRANÇOIS

          Reste là!

FRANCINE

François!

FRANÇOIS

     Reste!

FRANCINE

          À quoi bon! Tu vas te plaindre encore!
Et de quoi!

FRANÇOIS

     De ce que je t'aime...

FRANCINE, *avec contrainte*

          Oh!

FRANÇOIS

          Et t'adore
Sans pouvoir espérer un toi que, quelque jour,
Plus tard, tu répondras peut-être à mon amour!

FRANCINE, *cherchant à s'échapper*

Tais-toi!

FRANÇOIS

     Non! Non!

FRANCINE

          Pourquoi cette rage insensée!
C'est fini! Je ne peux pas! Sais-je point fiancée!
À Janet! S'il allait t'entendre! Il est ici
À nous bien t'obstiner à me poursuivre ainsi!
Depuis un an, François, j'en devrais être morte!
Je n'en peux plus! Songe à ton frère!

FRANÇOIS

          Eh! que m'importe
Mon frère! S'il a dit t'aimer, folle, il mentait!
Mon frère! L'aurais pas entendu qui chantait,
Tout à l'heure, à l'instant de te quitter, Francine?
Au seuil de ce départ affreux qui m'assassine,
Il chante! Il s'en ira gaîment, soldat soumis!
Tu crois qu'il te regrette? Ah? Ah!

FRANCINE

          C'est mon promis.

FRANÇOIS

C'est ton promis! Oui, je l'admets. Mais, moi, je t'aime,
Comprends-le cela! depuis plus longtemps que lui-même,
Depuis toujours, depuis que mon cœur te connaît!...
Quand tu passais, enfant, sous ton petit bonnet,
Sans personne à côté de toi qui te soutienne,
Déjà je te suivais, ma main serrant la tienne,
Guettant de loin ceux-là qui semblaient t'approcher,
Prêt à mordre quiconque eût osé te toucher!
Toi-même à ma tendresse étais accoutumée,
N'est-ce pas? Souviens-toi! Je t'ai toujours aimée!
          Marchant à grands pas
Mon frère!... Il se résigne! Il chante! Il est oublié!
Ah! Depuis qu'avec lui, Francine, il s'accorda,
De si brusque façon, un soir, sans me rien dire,
Moi qui serais à t'aimer, j'appris à le maudire!...
Tu dis que je m'obstine et que je te poursuis!...
Si tu savais le misérable que je suis!...
Si tu savais, depuis un an, ce que je souffre!...
...Dans la montagne, tiens, quand, penché sur le gouffre,
J'abats un arbre et cherche à l'y précipiter,
Que de fois avec lui je songe à m'y jeter!
M'accrocher à l'écorce et l'étreindre à brassée,
Quel vertige!... Mais non, non! Toujours ta pensée
Me retient! Je ne puis mourir! J'aime encore mieux
Voir Janet t'embrasser sur la bouche, à mes yeux!
...Ne te détourne point! Regarde-moi! Regarde!
          S'écroulant en pleurant dans le fauteuil
Francine! Que je t'aime!

FRANCINE

          Oh! lève-toi! Prends garde!
François, reste plus calme en un pareil moment!
Ta mère a déjà reçu de deuil et de tourment!

FRANÇOIS

Ah!

FRANCINE

...Pense à notre angoisse à tous! Et même...

FRANÇOIS

Et même?

FRANCINE

À la sœur de Claudin!

FRANÇOIS

Quoi! l'Annette!

FRANCINE

Elle t'aime!

FRANÇOIS

L'Annette!

FRANCINE

Et dès longtemps!

FRANÇOIS

Dès longtemps!

FRANCINE

Sur ma foi!
Ne le vois-tu donc pas!

FRANÇOIS

C'est faux! Tu mens! Tais-toi!

FRANCINE

Elle t'aime en silence! Elle est si douce et frêle
Que tu n'en as rien vu!

FRANÇOIS

Jamais!
Brutalement.
Tant pis pour elle!

FRANCINE

François!

FRANÇOIS

Je suis mauvais! Fou, peut-être, à moitié!
Mais ne me parle pas des autres, par pitié!
Laisse-moi savourer mon amour égoïste!
Les autres? Je n'en connais point! Toi seule existe!
Toi, ton âme et ton corps, des talons aux cheveux!
C'est toi seule que j'aime et c'est toi que je veux!
Il la prend par les mains et l'attire à lui.

FRANCINE, *se dégageant.*

Laisse-moi!

FRANÇOIS

Parle donc et réponds, sans mensonge!

FRANCINE

Mais je t'ai répondu vingt fois! Prends garde! Songe
Que Janet de la forge a déjà pu te voir!
Et que tu vas partir tout à l'heure!

FRANÇOIS

Savoir!

FRANCINE, *épouvantée.*

Comment!

FRANÇOIS

Oui! Patience! Un instant! Pas si vite!
Furieux.
Ah! Je comprends le soin grâce auquel on m'évite!
On s'est dit : « Une fois parti, j'aurai la paix!
« Poussons-le jusqu'à son départ! » Tu te trompais!

FRANCINE, *baissant les épaules.*

Je ne veux plus t'entendre et je m'en vais!

FRANÇOIS, *avec force.*

Écoute!
Si je n'emporte, avant que de me mettre en route,
Le pauvre souvenir d'un mot encourageant,
Un mot! Je ne suis pas, tu vois, bien exigeant!
Avant que de quitter l'Alsace, puis la France,
Si je ne garde en moi l'ombre d'une espérance,
Pour ranimer mon cœur et soutenir mes pas,
Si je dois partir seul, je ne partirai pas!

FRANCINE

Malheureux!
Janet sort de la forge, suivi de Claudin.

Scène VII

LES MÊMES, JANET, CLAUDIN

JANET

Es-tu prêt, cadet?
Le fixant.
Drôle de mine!

FRANÇOIS, *indifférent*

Je serai prêt!

JANET

Bon!
Il s'apprête à mettre son sac. À Francine.
Donne un coup de main, Francine,
Pour boucler mon sac!
Francine l'aide. À François qui va pour sortir.
Où t'en vas-tu, galvaudeux!
Ici, frère!
François s'arrête. À Francine.
Ta main!... Approchez-là, tous deux!
À François qui ne bouge pas.
As-tu peur d'un piège?

FRANÇOIS

Oh!

JANET

Je ne suis pas les tendre!
Les roulements du tambour s'approchent
Le tambour bat là-bas! Il faut donc nous entendre
Au plus vite! À l'ouvrage! Et point de temps perdu!
Montrant la forge.
J'étais là tout à l'heure et j'ai tout entendu!

FRANÇOIS, *provoquant.*

Si tu veux...

JANET, *l'arrêtant du geste.*

Je n'ai point de colère, au contraire!
Montrant François.
Tu l'aimes comme un fou, jusqu'à trahir ton frère!
Si j'avais su juguler ton amour, en ce cas
Je te l'aurais laissée!...

FRANÇOIS, *ironique.*

Oh!

JANET

Je ne serais pas!

FRANÇOIS, *même jeu plus accentué.*

Oh!

JANET

Je ne saurais pas!... Frère, ta jalousie
Vient trop tard! Francine est mienne! Je l'ai choisie
Et l'aime autant que toi, d'un amour aussi fort,
Plus grave! et ne la céderai qu'avec la mort!...
La regardant avec tendresse.
Elle me vient d'apprendre à ne point douter d'elle!
Je la jugeais sincère et la croirai fidèle!

FRANÇOIS, *insolemment.*

Bah!

JANET, *avec douceur et tristesse.*

Ne sois pas injuste et méchant sans raison!
Ce n'est pas au moment de quitter la maison
Qu'il convient à nos cœurs de se chercher querelle!
Le vieux père y mourut de sa mort naturelle,
La mère à son foyer nous a tous deux bercés,
N'en possédons point le seuil sans nous être embrassés.
Il lui ouvre les bras. François se laisse embrasser. À Francine.
Et toi, si j'ai chanté de ma voix obstinée,
En martelant l'enclume, à pleine matinée,
Ne me crois pas, Francine, un drille insoucieux,
Car le feu clair sécha les larmes de mes yeux,
Et ma chanson, rythmée au marteau de la forge,
Empêcha les sanglots de me prendre à la gorge!

En ce dernier matin passé sous mon vieux toit,
Je ne songeais au fond qu'à ma mère et qu'à toi!

Rentrent Catherine et Annette, Faroux et la Mautournée.
Catherine aperçoit son fils et court à lui. Annette
va vers Claudin. Faroux et la Mautournée regardent
toujours en dehors, penchés sur la galerie.

Scène VIII

**LES MÊMES, CATHERINE, ANNETTE, FAROUX,
LA MAUTOURNÉE**

CATHERINE
Te voilà, mon Janet!

FAROUX, au fond.
Tous ceux de la campagne
Sont arrivés?

MAUTOURNÉE
La mère Angélique accompagne
Son dernier gas, Joseph! Deux sont déjà partis!
L'un est tué, l'autre perdu!

CATHERINE
Pauvres petits!

FRANÇOISE
Oh! mon Dieu, Mautournée!

JANET
Oui, l'heure est assez noire
Sans l'assombrir!
À Françoise.
Allons, Françoise, verse à boire!
Françoise obéit. Tous debout, prennent autour de la table du milieu.
Le vin de notre côte, au coin du vieux noyer,
Dont l'on voit la Moselle au soleil pétiller...
Levant son verre.
Buvons à la santé de ceux qui vont attendre!
Buvons à la santé des filles au cœur tendre!
Buvons aux vieux parents que l'angoisse envahit!
Buvons, nous qui partons en guerre, au cher pays,
Gardien du seuil clos de la bonne demeure,
Qui s'en va disparaître à nos yeux tout à l'heure!...
Puissions-nous reconnaître un soir, las de marcher,
Le tournant de la route et le coq du clocher!...
Buvons!...
Tous trinquent et boivent. Doucement une cloche...

MAUTOURNÉE
Le tambour bat au pied du vieux calvaire,
Là-haut!

CLAUDIN, à sa mère.
Allons, petite, il faut vider ton verre!...
Si, si! Réconforte-toi d'un coup de vin clair!...
Elle boit.
Et souris-moi, de l'air joyeux, je rentrerai!
Doucement son sac.
Ai-je manqué jusqu'à ce jour à ma promesse?
Va! de te conduire le dimanche à la messe,
En uniforme, avec un plumet, neuf d'un chien!
Embrasse-moi!
Il l'étreint.
Sais-ton devoir! Tout ira bien!
Catherine est pour toi! Laisse passer l'orage!
Je reviendrai!
Il sort en jurant.

ANNETTE, courant derrière lui.
Claudin! Claudin! Claudin!

CLAUDIN, de loin.
Courage!

Scène IX

LES MÊMES, moins ANNETTE et CLAUDIN

JANET, à sa mère.
Adieu, mère! Il nous faut rejoindre, sans tarder!

La Mautournée (Mlle Massart).

CATHERINE, entre ses deux fils.
Oui, je comprends! Laissez-moi bien vous regarder!...
Janet! François!... Ma peine emporte une idée!
Je serre encor vos doigts entre mes mains raidies,
Mais je vais être seule!... Allons!... Vous n'oubliez
Rien?

JANET, se dégageant doucement.
Rien!

CATHERINE, s'adressant à lui.
Vous, avez bien les bas, et les souliers?
Je voudrais... Je n'ai plus la force de sourire...
Il faudra quelquefois penser à moi, m'écrire!
Les plus sincères que vous pourrez! Écrivez-en
Bien long! Je n'ai plus que vos lettres à présent,
Vous comprenez!... Oh! Je ne sais plus!... Tout s'em
[brouille.
Allez! Je vous attends, en filant ma quenouille,
Au coin de l'âtre, ici!... Mes deux fils!... Il est temps!...
Je vous attends! Je vous attends! Je vous attends!
Elle tombe en sanglotant dans le grand fauteuil au coin
de la cheminée.

JANET, serrant l'autre dans le...
Au revoir! Tu viendras au jour à ma rencontre,
Va, Françoise... Allons, frère...

FRANÇOIS
Oui, j'ai laissé ma montre
Dans ma chambre!... Je cours!...

JANET
Vite...

FRANÇOIS, qui se retourne.
Je sais, je sais!

JANET
Dépêche-toi! L'appel est déjà commencé!...

Adieu!...
Il sort, suivi de Faroux. Sur la place l'appel commence.
On entend les voix des nouvelles réponses « Pré-
sent! » Au milieu du grand silence, la Mautournée
regarde penchée sur la galerie... Françoise range machi-
nalement les verres sur le buffet, Catherine ne bouge
plus, écroulée dans son fauteuil.

Scène X

CATHERINE, LA MAUTOURNÉE, FRANCINE

MAUTOURNÉE

L'appel?... Ah! Ah! J'en ai l'accoutumance!
Je l'entends déjà! Le voilà qui commence
En effet... La voix sonne au soleil reluisant!
À l'appel du retour combien diront: « Présent! »
Des gars formals!... Comme ils répondent, à voix pleine!
Ils sont là tous, conscrits des monts et de la plaine,
Ceux de la ville et ceux des plus pauvres hameaux,
Les frères, les cousins, et jusqu'à deux jumeaux,
Si pareils, blonds et frais, leur paquet sur l'épaule...
Ils vont, obéissant au doigt qui les enrôle.
À l'Empereur! Présent!... Oui, oui! crachez vos noms!
Soyez en paix! Ils sont affamés, les canons!
Leur gueule est prête! Ah! Ah! Leur fringale est lâche
Et vous leur fournirez du moins une bouchée!
...Oh! les parents! Comme ils écoutent, sans bouger!
Braves gens, que petits bien loin vont voyager!
Leurs aînés ont connu l'Italie et l'Autriche,
Et pas un ni un pays n'est revenu plus riche,
Et ceux qui revenaient ont tous béni leur sort!
Mais ceux qui partent ils s'en vont plus loin encor
Et l'œil de votre cœur doit les suivre au Russie!
L'Empereur l'a voulu, qu'il faut qu'on remercie
Quand même!... Il a flairé la neige, ce flaireur!
Vos pas s'y marqueraient, tous!

GRAND CRI, au dehors.
Vive l'Empereur!

MAUTOURNÉE
Pauvres fous! ce cri-là vous mordra la poitrine!

UN AUTRE
Vive l'Empereur!

MAUTOURNÉE
Fous!

On entend au dehors des commandements, une rumeur, le bruit d'une foule en marche. Entre le père Faroux hors d'haleine.

Catherine Archer (Mᵐᵉ Jeanne Even)

Scène XI

Les mêmes, FAROUX

FAROUX
Madame Catherine!

CATHERINE
Oh!... Quoi donc?... Un malheur!...
(Elle est prête à défaillir.)

FAROUX
Peut-être! Rassurez-moi
Votre François n'est pas avec les autres!...

CATHERINE
Quoi?
Mais il vient de partir, Faroux, tout au contraire!
À l'instant! Pour gagner sa place, avec son frère!

FAROUX
François a disparu, vous dis-je!

MAUTOURNÉE, à part.
Il a raison!

FAROUX
Les gendarmes, pour sûr, vont cerner la maison!

FRANCINE
Les gendarmes!

FAROUX, sortant.
Chacun le cherche!

Scène XII

LES MÊMES, moins FAROUX

Catherine et Francine demeurent un long moment atterrées. La Mautournée a gagné la fenêtre et regarde.

CATHERINE, à Francine.
Où peut-il être!

MAUTOURNÉE, soudain, poussant un cri.
Catherine! voyez un peu, par la fenêtre!
Au-delà du verger! Dans le sentier qui suit
La montagne! Là-haut! sur ce rocher!
(Catherine et Francine se sont précipitées à la fenêtre.)

CATHERINE
C'est lui!
(Ouvrant la fenêtre, affolée. Elle crie:)
Ho! François!

MAUTOURNÉE
Comme il court!

FRANCINE
François!

MAUTOURNÉE, ivre de plaisir.
La bête fauve!
Comme il bondit!

CATHERINE
François!

FRANCINE, à part, immobile et glacée.
Il déserte!

MAUTOURNÉE, triomphante.
Il se sauve!
Il a jeté son sac pour courir!...

FRANCINE, à part.
Déserteur!...

CATHERINE, criant toujours.
François! Reviens!

FRANCINE
Reviens!

MAUTOURNÉE
Cours!

GRAND CRI, déjà lointain.
Vive l'Empereur!

RIDEAU

Scène VIII. — François : « *Le premier qui vous aura fait un pas je le tue !* »

ACTE II

Octobre 1812. Même décor qu'au premier acte. C'est le soir, à la veillée. Portes closes. Grand feu dans la cheminée. Au fond, les volets sont mis.

Scène première

CATHERINE, FRANCINE, ANNETTE

Annette, assise à la table de gauche, écrit une lettre que lui dicte Catherine, assise à côté d'elle. Francine, au coin du feu, s'occupe à filer.

ANNETTE, *relisant sa lettre.*
« Ta lettre, mon Janet, m'a donné de la joie
« Pour longtemps. Je suis riche... Dis-moi comment on
          [Jeannie]
« De l'argent — ...je t'en enverrai... »
     (reprenant le livre)
       Puis!

CATHERINE, *dictant.*
          « Comment va
« Claudie... »
  (à elle-même, tandis qu'Annette écrit)
  Oh! quand je songe à cette Moskowa...
A ces boulets croulant sur eux comme un tonnerre!...

ANNETTE
Et puis?

CATHERINE
« Notre maison reste à son ordinaire,
« Mais la forge est déserte où ronflait ton marteau!...
« L'hiver approche; Il sera rude et viendra tôt,
« Ce matin, l'abreuvoir était pris sous la glace
« Et... »
  On entend au loin chanter Faroux.
  Quoi donc?

FRANCINE
      C'est Faroux qui traverse la place!
Il paraît soûl.

CATHERINE, *vivement.*
      Ferme la porte!... Il s'est soûlé
Contre nous.
  (soupirant)
     Depuis que François a déserté!

FAROUX, *au dehors.*
Hé! l'auberge!

CATHERINE, *à Francine.*
    Mets le verrou! Je crains qu'il n'entre!...
  (Francine... Puis le bâton de Faroux heurte la porte.)

FAROUX
Francine! J'ai l'onglée aux doigts, je suis en sueur!
Ouvre!

CATHERINE, *bas à Francine.*
  Ne réponds pas!...

FAROUX
      On a de quoi payer,
[peut-être]! Laisse-t-on les vieux s'égosiller
Sur le seuil, poils gelés et gueule enchifrenée,
Pendant que l'on s'endort devant la cheminée?...
  *(Silence. Puis le bâton cogne plus fort. La voix s'est
  rapprochée.)*
Je vois de la lumière aux fentes du volet!...
  (Les poings redoublent.)

CATHERINE, *à pleine voix.*
Allez-vous-en!

FAROUX
    Pourquoi?

CATHERINE
      Parce qu'il me déplaît
De vous ouvrir, ayant assez d'autre besogne...
Sans accueillir chez moi des ivrognes!

FAROUX
      Ivrogne!...
C'est mal dit, Catherine!... Ivrogne!

CATHERINE
      Allez-vous-en!

FAROUX
Diable! la Catherine est féroce, à présent!...
Depuis que son François s'est sauvé, — je suppose.
  *(Cette douloureux de Catherine, Francine, qui s'était
  remise à filer, s'interrompt.)*
N'empêche qu'on voit clair, — et qu'on sait quelque
            [chose.

CATHERINE, s'exclamant.
Quelque chose?
        FAROUX
    Suffit! Bonsoir!...
    CATHERINE, aux jeunes filles.
                L'entendez-vous?
        FRANCINE
Il est ivre!...
    CATHERINE, courant à la porte.
    Pourtant...
    FRANCINE, voulant la retenir.
            Laissez!
    CATHERINE ouvre la porte et appelle:
                Père Faroux!
Faroux!...
    Pendant ce temps, Annette a rangé, sur la table, l'argent
    et la lettre. Le père Faroux paraît sur le seuil de la
    porte, riant d'un large rire.

Scène II

LES MÊMES, LE PÈRE FAROUX

    FAROUX, entrant.
    Oui, on me [illegible]!... Et vrai, on me rappelle!
Annette lui enlève sa vieille limousine, la porte à sécher
devant le feu. Catherine apporte à boire et Faroux va
vers la cheminée, tend les mains à la flamme, se
chauffe et rit.
On me reçoit comme un bon dieu dans sa chapelle!
Je me chauffe! On me verse à boire!
            S'asseyant.
                Je m'assois!
...Supresion?...
        CATHERINE
        Qu'est-ce que vous savez sur François?
        FAROUX
François!... Ce que je sais sur lui!...
        CATHERINE
                Quelle nouvelle!
        FAROUX, buvant.
Rien du tout!
        CATHERINE
    Mais...
        FAROUX
            J'ai beau me fouiller la cervelle,
Je ne sais rien!
        CATHERINE
    Vous prétendiez...
        FAROUX
                Je prétendais!
Possible?...
    Allongeant les jambes.
        Mais je suis, patronne, un vieux des bois,
Amoureux de vin clair et de joyeuses flambes,
Qui, ce soir, voulait boire en se réchauffant les jambes!
J'ai menti pour entrer chez vous!
            Levant son verre.
                À vos santés!...
    CATHERINE, le fixant.
Non! Pour sûr, vous savez quelque chose!...
            Il secoue la tête. Suppliante:
                Écoutez!...
Je vous paierai, Faroux!
    FAROUX se lève et fait quelques pas.
                Que veut-on que je sache?
Un vieux pêcheux!...
    CATHERINE
        Mon fils est en fuite; il se cache!
En quel pays?
    FAROUX, entre ses dents.
    ...D'aucuns sont loin, d'autres sont morts!
Certains portent leur sac et certains leurs remords...
On oublie un soldat, on pleure une famille!

    CATHERINE, indignée.
Père Faroux!
    FAROUX, frappant sur la table.
        Il ne fallait pas qu'il s'en aille!...
...Hein! pourquoi pleurez-vous, vieille, en me regardant?
Ah! je remercie!... C'est comme un aiguillon sous la dent,
Comme un fer dans le coin du cœur, qui vous entame!...
Le remords tient les yeux ouverts!... Pas vrai, Francine?
    Il regarde longtemps Francine.
    CATHERINE, surprise.
Francine?
    FRANCINE lui verse à boire.
    Quoi? Buvez! Buvez donc!...
    FAROUX
                Oh! je bois!
    Avec un temps.
En quel gîte peut-il être terré, François?
Gare l'hiver!... Il a gelé, la nuit dernière!
Les renards ont leur trou, les loups ont leur tanière,
Mais François doit bondir de rochers en rochers,
Car jamais les fuyards ne sont assez cachés!
    CATHERINE
Il est donc en montagne?
    FAROUX
            Eh! Eh! montagne ou plaine,
Possible!...
    À Francine qui lui verse de nouveau à boire.
        Assez de vin, credié! Ma tasse est pleine!...
En montagne!... Il connaît au mieux chaque sentier,
Est-il pas bûcheron, d'ailleurs?... au vrai métier?
Sans doute il vit là-haut, tapi dans sa cachette,
Avec le ciel pour guide et le ciel pour couchette,
Ouvrant au l'aube au soir l'oreille à tous les vents,
Pour surprendre de loin le pas des poursuivants
Qui s'approche, s'arrête, hésite, rampe et glisse...
Hein, Francine?
    CATHERINE
        A-t-il pas plutôt gagné la Suisse?
    FAROUX, gravement.
Que sait-on, Catherine, et que peut-on prévoir
De celui-là qui vit si loin de son devoir!...
La volonté d'un lâche est un prenne voyage.
    Baissant la voix.
Peut-être il rôde encore aux portes d'un village,
Tel un chien maraudeur, frémissant et têtu...
Sous les premiers sapins qu'on aperçoit d'ici!
    CATHERINE, dans un cri.
Vous l'avez suivi?
    FAROUX, doux.
        Moi!... Je suis trop vieux, compère!...
Mais je crois qu'un beau soir, sortant de son repaire,
Il dégringolera de là-haut, poings serrés,
Hâve, la barbe longue, en habits déchirés,
Franchira le verger, poussera cette porte,
Regardera — se croyant seul — la maison morte,
Ouvrira cette forge, [...]... fera le tour
De cette table, et partira devant le jour
Pour regagner sa cache au flanc des rocs bleuâtres,
Sans que sa mère en soit seulement avertie!...
    CATHERINE
Moi? S'il entrait ici, tout mon cœur le crierait!...
    FAROUX
Savez-vous s'il ne porte en lui quelque secret?
Ne garde-t-il au cœur qu'un souvenir, le vôtre!
Ne peut-il revenir au pays... pour une autre?
    CATHERINE
Une autre, avez-vous dit! Qui donc, une autre?
    FAROUX
            Eh bien...
    CATHERINE
Mais parlez! Que savez-vous?
    FAROUX, après un temps.
            Je ne sais rien.

Sans doute, j'ai songé trop creux, causé trop vite!

CATHERINE

Une sœur!

FAROUX, *souriant, à Annette.*

Tu le sais peut-être, toi, petite,
Le nom de celle-là qu'il pourrait visiter!

ANNETTE, *très troublée.*

Moi, Faroux?

FAROUX

  S'il eut trop de peine à la quitter,
Il s'en revient de voir — la chose est naturelle! —
Et, quasi chaque nuit, risque sa peau pour elle!...
Le chien, lorsque l'amour en hurlant l'a saisi,
Brave les coups de fourche et les coups de fusil
Et tout fuyard, traînant ses souliers sans semelle,
En dépit du danger retourne à sa femelle!

Tourné vers Francine.

Hein, Francine?

FRANCINE

Se levant, très calme, et allant à lui, à la fois souriante et résolue.

Vieux radoteur!... Il faut partir!

Debout!...

FAROUX

  Quoi!

FRANCINE

  Vous avez assez bu, sans mentir!
N'allez-vous pas sortir d'ici!

FAROUX

    Tu dis!

FRANCINE, *très ferme.*

    Qu'on sorte!

FAROUX

Toi, Francine!... C'est toi qui me flanque à la porte!

FRANCINE

Moi?

Se levant.

  Comptez-vous longtemps encor me regarder!
Suis-je pas libre?... Et pensez-vous m'intimider!
Allons, dehors!...

FAROUX

  Dehors!

FRANCINE, *le bousculant.*

    Sinon, une bourrade!...
Entendez-vous?... Gagnez votre lit, camarade!

FAROUX, *gagné par la colère.*

Suffit!... Je m'en vais plus tôt qu'il ne plaira!

FRANCINE

Et si quelqu'un vous pousse!

FAROUX

    Il s'en repentira!...

FRANCINE

Bah!...

FAROUX

  Oui! car je dirai tout haut...

FRANCINE

    Restez tranquille
Et sortez!

FAROUX

  ...Ce que dit tout bas toute la ville!

CATHERINE

Quoi donc?

FAROUX

  Suffit!

FRANCINE

  Allez!...

FAROUX, *sur la porte.*

    Toi, Francine, un conseil!

Prends garde!

FRANCINE

Allez au lit!...

FAROUX

  Moi! Je n'ai pas sommeil!!

FRANCINE

Alors, promenez-vous au froid, ça vous regarde!

FAROUX, *après un moment, lui jetant.*

Je vais me promener, tu l'as dit.

FRANCINE

    Bon!

FAROUX

    Prends garde!

Il sort.

Scène III

CATHERINE, FRANCINE, ANNETTE

CATHERINE

Quoi donc! Il te menace!

FRANCINE, *haussant les épaules.*

    Un ivrogne!... Il a bu!

CATHERINE

Si quelque soir, pourtant, François, blême et fourbe,
S'en revenait par le jardin, poussait la porte!
Si les gendarmes...

FRANCINE

  Non! mais non!... Soyez plus forte
À votre tour!... François serait-il imprudent
À ce point!... C'étiez-vous ce Faroux!

CATHERINE

    Cependant,
François n'a-t-il pas dit, ou du moins semblé dire,
Qu'une femme au pays le retient et l'attire!...
Une femme qui n'est point moi!

FRANCINE

    Des songes creux!

CATHERINE

Je n'ai jamais connu mon François amoureux,
Pourtant...

FRANCINE

  Quand je vous dis que c'est une sornette,
Catherine!

CATHERINE

  En parlant il regardait Annette!

Allant à Annette.

Te demanda-t-il pas si tu la connaissais,
Cette femme?

ANNETTE, *toute tremblante.*

  Moi! Moi!

CATHERINE

    C'est toi!... et tu rougissais
En l'écoutant. Et maintenant te voilà blême!...

Après un temps.

Tu l'aimes donc, François, petite?

ANNETTE

    Moi, je l'aime!...
Oh!

CATHERINE

  Sois franche!

ANNETTE

    Vous vous trompez, je vous promets
Catherine!...

CATHERINE, *insistant.*

Réponds! Tu l'as revu?...

ANNETTE

    Jamais!

Se cachant le visage dans ses mains.

Mon Dieu!...

CATHERINE

  Ne tremble pas ainsi!... Donne ta joue,
Que je t'embrasse!...

Tout bas.

  Il est revenu, dis!... Avoue!
Un soir, la porte close et les volets fermés,
N'est-ce pas!... Parle donc, enfant!... Vous vous aimez!
Ça ne me fâche point, ma mignonne, au contraire!
Tu l'aimes, comme la Francine aime son frère!

Eh bien, j'approuve et je suis prête à vous bénir!
Dis, tu l'as vu? Ce soir, peut-être, il va venir?
Ce soir... Et c'est pour toi, pour toi seule, qu'il use!...
Enfin!... Il ne faut pas, avant tout, qu'il s'expose.
Si tu l'aimes, tu dois la première exiger
Qu'il reste en sa cachette, entends-tu, sans bouger!
Faroux, d'autres encor sont peut-être à l'attendre...
Ah! pourquoi mon garçon ne veut-il pas m'entendre,
Moi, sa mère! Ai-je pas assez longtemps pleuré!...
        Après un temps.
N'importe! Puisqu'il vient ce soir, je le verrai!...

        FRANCINE, *vivement*
Mais il ne viendra pas! C'est faux! C'est une histoire
A Faroux!

        ANNETTE
    Oui! j'affirme — et vous pouvez m'en croire —
Que François à m'aimer n'a jamais consenti,
Que je ne l'ai point vu depuis qu'il est parti,
Pas même un soir!...

        CATHERINE *lui prend le bras*
        Dis-moi la vérité!

        ANNETTE
                Pas même
Une heure!
        CATHERINE
    Et cependant tu l'aimes?...
        ANNETTE, *simplement.*
                Oui, je l'aime!
Et je tremble avec vous, avec vous je l'attends!
J'aime François, sachez-le donc! Depuis longtemps!
A mon Dieu! Je l'aime ainsi que je respire,
Catherine, et mourrais avant de le lui dire!
Vous vouliez mon secret, vous l'avez! J'obéis!
        Avec force.
Mais jamais votre fils ne revint au pays!...
Demeurez en repos! C'est moi qui vous l'assure!
Il garde sa retraite et sa retraite est sûre,
Là-haut, par la montagne et les sentiers des bois,
François reste caché! Croyez-le!...

        CATHERINE, *l'embrassant.*
                Je te crois!...
Sans doute il serait fou, sachant qu'on le surveille,
De revenir!... Pardon! mais je me sens si vieille,
Lasse jusqu'à tomber, triste jusqu'à mourir,
Que je n'ai plus beaucoup de force pour souffrir!
...Je les vois en dormant, les yeux gonflés de larmes,
L'un pris par l'ennemi, l'autre aux mains des gendarmes,
Et m'appelant tous deux, au seuil de la maison,
Je m'éveille en criant... et j'en perds la raison!
Bonsoir, Annette! Il faut pâtir et se soumettre
Malgré tout! — Dès demain, nous finirons la lettre.
...Mon chapelet?... Je vas prier pour ton Claudin!
— Bonsoir!
        A Francine, en marchant vers la porte.
        As-tu fermé du côté du jardin?...

        FRANCINE
Sûr! Tout est clos!... Une nuit noire! On n'y voit goutte!
        *Catherine et Francine sortent par l'escalier. Annette,
        restée seule, va prendre sur une chaise, au fond, sa
        grande cape, s'en recouvre, puis attend. Francine
        rentre.*

Scène IV

FRANCINE, ANNETTE

        FRANCINE
Encor toi?
        ANNETTE
    J'ai deux mots à te dire!...
        FRANCINE
            J'écoute.
        ANNETTE, *vivement.*
Tout à l'heure, à propos de François, j'ai menti!
Je sais — Faroux lui-même en était averti!

Et la ville, ainsi qu'il prétend, connaît l'histoire —
Que François vient ici, chaque jour, à nuit noire,
Pour te voir, toi promise à son frère!...

        FRANCINE
                Vraiment!
        ANNETTE
Et que vous vous aimez et qu'il est ton amant.
        FRANCINE
Vraiment, on dit cela! Les gens?
        ANNETTE
                Il n'est encore
Que Catherine, en tout le pays, qui l'ignore!
        FRANCINE, *à voix basse*
Et moi, je me demande, en vérité, de quoi
Vous vous mêlez, Faroux, la ville entière et toi!...
        ANNETTE, *effrayée.*
Oh! plus bas... Catherine est à peine assoupie!
        FRANCINE
Bah! que m'importe... Alors, on me guette, on m'épie,
L'oreille ouverte et l'œil flambant comme un crapaud?
...Eh bien, Faroux, les gens, toi même, avec raison.
François revient! Il m'aime et me trouve sensible
A son amour!... Je suis une gueuse!... Possible!...
Et j'ai bravé la honte, oublié la vertu,
Trahi son frère, enfin, je l'adore, entends-tu?
...Ah! l'on a découvert la chose! Et l'on en cause!
Oui, malgré le danger, je souffre qu'il s'expose
Et qu'il se glisse, à la façon des chiens errants,
Jusqu'à moi! Je suis une gueuse, tu comprends!
Et l'on n'a pas assez de cris pour me maudire!
Voilà, n'est-il pas vrai, ce que tu viens me dire,
Et tu voudrais l'attendre et le voir arriver!
Hein?
        ANNETTE
Non, Francine!
        FRANCINE
Alors, que veux-tu?
        ANNETTE
            Le sauver!
        FRANCINE
Le sauver?
        ANNETTE
    Mais sa perte à l'avance est réglée,
S'il revient! Es-tu donc à ce point aveuglée?
Mais, chacun sait... Chacun, le soir, l'a vu marcher.
Il ne prend même plus souci de se cacher.
On l'attend! Qu'il soit libre encor, c'est un prodige!
Et sa mère est la seule à l'ignorer, te dis-je!
Prévenons François; dis-lui comme il est surveillé
Il ne faut pas qu'il soit repris, ni fouillé!...
Nos chagrins sont pareils, nos craintes sont les mêmes,
Unissons-nous pour le sauver!
        FRANCINE, *indécise*
            Comme tu l'aimes!
        ANNETTE, *souriant tristement.*
De quelle trahison, Francine, aurais-tu peur?
N'es-tu pas à jamais maîtresse de son cœur?
De mon humble secret pourrais-tu prendre ombrage?
Ne l'ai-je point caché sans cesse avec courage!
A-t-il compris mon trouble et connu mon ennui?
        FRANCINE
François sait ton amour!
        ANNETTE
            Il sait? Par qui?
        FRANCINE
                Par moi!
        ANNETTE
Francine!...
        FRANCINE
    Eh! J'ai voulu, pardieu! me rendre compte!
Mais lui ne t'aime point, certe!
        ANNETTE, *sanglotant.*
            Il sait!... Quelle honte!

FRANCINE, émue.
Pardon! J'ai rallumé ton mal en l'attisant...
Mais que veux-tu!... Je suis comme folle à présent.
Oui, l'amour de François m'a soufflé sa folie!
Mon passé, mes serments, mes vœux, je les oublie...
  A ta voix
Je ne songe plus même à l'autre!

ANNETTE
  A ton Janet!

FRANCINE, même jeu.
Je me dis qu'il est mort, parfois!

ANNETTE
  S'il revenait!

FRANCINE
Ah! tais-toi... Et, d'ailleurs, je l'admets! qu'il revienne
Et qu'il dispute! Il a ses raisons! J'ai la mienne,
La seule! plus puissante et p... forte cent fois
Que les autres! Sache-le! J'aime François!
En vain, six mois durant, je me suis débattue.
Je l'aimai! Que Janet revienne et qu'il me tue!
Bravant sa volonté, son droit et son effort,
Morte, j'adorerai François, malgré la mort!

ANNETTE
Toi si calme, comment as-tu changé si vite!

FRANCINE
Comment?... Qui le dira jamais!... Hélas! petite,
Le nœud sur lequel le gouffre a bouillonné
Résiste-t-il au flot qui le roule, entraîné...
Sait-on comment l'amour vous coûte à son servage!
Je voyais en François un rêveur, un sauvage
Dont souvent la colère au fond des yeux montait,
Aussi rude que les sapins qu'il abattait
Et qui parfois brusquait son ebloi, pour se distraire!
Je ne le supportais alors que comme frère
De Janet, un parent farouche et tourmenté!
Soudain, voici qu'il m'aime et qu'il a déserté,
Qu'il fuit, gardant la honte et l'exil en partage!
Lors, ne le voyant plus, j'y pensai davantage.
J'appris dans le silence à le connaître mieux.
Mon souvenir cherchait le regard de ses yeux.
Je compris — la pitié croyait sous ma surprise —
Que, s'il vivait du sort de ceux-là qu'on méprise,
J'en étais seule cause, hélas! et dès ce jour,
Je devins amoureuse en découvrant l'amour!
...Souvent, dans le verger, les bras sur la barrière,
Je revoyais ses yeux, j'entendais sa prière,
Je retrouvais son pas parmi l'herbe effacé
Et me désespérant de l'avoir repoussé,
Je me pris à souffrir en plaignant sa souffrance
Et, le soir qu'il revint, j'étais à lui d'avance!...

ANNETTE
Tu l'attendais!

FRANCINE
  Je l'ai voulu!... J'étais à lui!
Ce fut un soir... La nuit tombait, comme aujourd'hui.
Quelqu'un marcha dehors. J'ouvris. Tout était sombre.
Puis j'entendis son pas, je devinai son ombre.
Et lui-même apparut sur le seuil, demeura
Sans bouger et le feu de l'âtre l'éclaira!...
Pauvre François! Après quatre mois, j'en tressaillis!
Si pâle, les cheveux et la barbe en broussailles,
Les yeux creusés sous son grand front, il grelottait.
Et, tandis qu'à mes yeux une larme montait,
Lui se prit à pleurer aussi, sans me rien dire.
Alors, je m'efforçai, tremblante, à lui sourire
Et nous nous regardions l'un et l'autre, étouffant
De sanglots déchirés, comme on est les enfants!
...Comprends-tu la douleur de voir celui qu'on aime,
Grelottant, affolé, meurtri, saignant et blême,
Quand il doit sa misère à notre cruauté!...
Ldé qu'il ouvrit les bras, comme je m'y jetai!
Et comme je compris, dès la première étreinte,
Que j'étais sienne enfin, sans remords et sans crainte,
A jamais!... Oh! pardon! Je te fais mal!... Pardon!
Mais c'est là mon destin de t'aimer, comprends-le donc!

Mon âme douloureuse en est tout éclaircie,
Vois-tu!... Sois bonne!

ANNETTE
  Et viens, que je te remercie.
Parle... me voilà prête à suivre tes avis!
Car moi, je ne sais plus, je ne vois plus, je vis
Dans mon rêve!... Conseille-moi, petite fille!...
Ah! grand Dieu, non! je ne veux pas qu'on le fusille!
Eh bien, parle! apprends-moi ce qu'il me faut savoir,
Vite!

ANNETTE
  Tu ne dois plus le voir!...

FRANCINE
  Ne plus le voir...!
Ah! beau conseil!... je t'en suis bien reconnaissante...
Ne plus le voir... Crois-tu d'abord qu'il y consente?

ANNETTE
Mais...

FRANCINE, l'interrompant.
  Il n'est qu'une route à suivre: le voici!
Puisqu'à présent François ne peut venir ici,
Demain, dès que le jour commencera de poindre,
Moi, ne l'espérant plus, je courrai le rejoindre.
Et vais l'en avertir ce soir!...

ANNETTE
  Oh!

FRANCINE
  J'hésitais
Jusqu'alors!... J'avais peur, je crois!... Je redoutais
De savoir si grand-peine à sa mère, si tendre!
Mais le péril s'accroît, je ne peux plus attendre!
Fusille, toi, François, mon amant! Que non point!
Embrasse-moi! demain, au soir, nous serons loin.

ANNETTE
Catherine en mourra!... Ne t'en va pas, demeure!

FRANCINE
Catherine, as-tu dit... Eh bien donc, qu'elle meure!...
Mon crime, hélas trop tôt pour ne pas s'achever,
S'achève! un damné! — Adieu... j'irai le retrouver!

ANNETTE
L'amour! Comme il te tient! comme il t'a prise!...

FRANCINE
  Oui, toute!

ANNETTE
Va!... je consolerai la Catherine.

FRANCINE, prêtant l'oreille.
  Écoute!..
C'est lui!...

ANNETTE, allant vers la porte, au fusil.
  Je pars!

FRANCINE
  Attends!... Oui, le sable a craqué!
Très dramatique.
Tu vois! Son espoir sans doute est embusqué.
Son secret est trahi, sa ruse est découverte,
Le danger vient sur lui, sur elle grande ouverte,
Il s'est obstinément sur sa trace acharné,
Et cependant, son pas à peine a résonné
Que j'ai chassé ma crainte ainsi qu'une folie
Et que, portant sur nous mon malheur, je l'oublie!

ANNETTE
Adieu!...
  Elle sort à gauche. Un silence. Francine écoute, se
  dresse. La porte de gauche. François entre et la serre
  dans ses bras. Il est saisi, la barbe longue, en guenilles, et couvert de neige.

Scène V

FRANÇOIS, FRANCINE

FRANÇOIS
Francine! Enfin!

FRANCINE
  Comme te voilà fait!...

FRANÇOIS

Bah! la neige!
  Il l'embrasse.
    Bonsoir!

FRANCINE

  Tu trembles!...

FRANÇOIS

      En effet,
Le vent s'engouffre et les rafales sont coupantes!
Puis j'ai pris au plus court, à pic, le long des pentes
Où les flocons tombaient serrés. Dam! j'enfonçais...
Mais te voilà! Bonsoir! Hein, si tu m'embrassais!

FRANCINE

Viens près du feu!

FRANÇOIS, *assis près du feu.*

  La mère?

FRANCINE

    Elle dort.

FRANÇOIS

      Pauvre vieille!...
Ah! si je n'avais peur soudain qu'elle s'éveille,
J'aimerais un instant la regarder dormir!

FRANCINE

Sois prudent!...

FRANÇOIS

  Oui!
    Un temps.
      Le vent recommence à gémir!
Comme il a dispersé les tisons et la cendre!...
Vois-tu, lorsqu'attendant le moment d'en descendre,
Je suis sur ma montagne, un soir, rêvant à toi,
Du côté du couchant je reconnais ton toit...
Il reluit au soleil, rongé par cent saisons,
Dressant contre le ciel ses hautes cheminées
Où la cigogne avec le printemps fait son nid!
Longtemps je le regarde, éclatant et jauni;
Parfois une fumée en sort, tournant la ronde...
Et, tout bas, je me dis: « Mon seul amour au monde
« Pour qui je fus, malgré les vivants et les morts,
« Lâche sans amertume, et traître sans remords,
« Celle qui m'a lié d'étreinte surhumaine,
« Vit, en espérant l'heure où le soir me ramène
« Sous mon toit de naissance aujourd'hui déserté!... »
Je songe à notre amour par ce toit abrité,
Et, le cœur débordant, je me plonge en mon rêve
Tandis que le jour tombe et que la nuit se lève!...

FRANCINE

Et, traînant ta misère au loin, par la forêt,
Banni, traqué — sois franc! — tu n'as pas un regret!

FRANÇOIS

La misère est mon lot!... Je me raillerai d'elle
Pourvu que tu sois là, contre ma chair, fidèle,
Et, bravant les mépris insultants et moqueurs,
Que le même soupir gonfle nos pauvres cœurs!...

FRANCINE

François, je chérirai l'exil, s'il te délivre!
  Avec élan.
Je te suivrai!

FRANÇOIS

  Que dis-tu là?

FRANCINE

      Je veux te suivre!
Écoute-moi! Tu t'es en ton rêve engourdi;
Le danger que tu cours t'échappe: il s'agrandit
Pourtant; ta sûreté chaque soir diminue!...
Les gens sont avertis, ta retraite est connue...
Faxous devant ta mère a déjà murmuré...
Tu ne peux revenir: c'est moi qui te suivrai!

FRANÇOIS

Toi!... Pour être avec moi fuyarde et poursuivie!

FRANCINE

Certes!...

FRANÇOIS

Si tu savais, enfant, quelle est ma vie!...

De quels pièges là-haut je suis à la merci!
Et ce qu'il faut souffrir pour être libre ainsi!
Le froid qui luit, la faim qui mord, la peur qui gronde,
Vivre aux aguets, furtif et penché sur le monde;
Attendre et redouter le glissement d'un pas
Dans la neige...

FRANCINE

Nous serons deux!

FRANÇOIS

      Tu ne sais pas!...

FRANCINE

Pour me perdre avec toi, je veux être perdue!

FRANÇOIS

Iras-tu donc, le front baissé, la main tendue,
Parmi les bûcherons gîtés au fond des bois,
Mendier en tremblant du pain dur et des noix?

FRANCINE

J'irai!

FRANÇOIS

  Dormiras-tu, dans un trou solitaire,
Au creux d'un lit de foin séché, souvent par terre,
Sans feu?

FRANCINE

    Je dormirai, maître, où tu dormiras!
Je dormirai contre ton cœur, entre tes bras;
Je dormirai de ton sommeil et de ton rêve,
Et la plus longue nuit me semblera trop brève!

FRANÇOIS

Ce sont durs compagnons que la neige et l'effroi!

FRANCINE

L'amour nargue la peur, l'amour se rit du froid!

FRANÇOIS

Reste!... Gardes-tu pas le cœur de mes pensées?...

FRANCINE

Mes baisers seront doux sur tes lèvres glacées!...

FRANÇOIS

Les chemins sont trop durs; attends jusqu'au printemps.

FRANCINE

Quand on sait ce qu'on aime, on marcherait cent ans!
L'amour délivre en nous des forces prisonnières,
Et son ardeur superbe a comblé les ornières!...

FRANÇOIS

Francine!...

FRANCINE

    L'air plus vif rend le cœur plus léger!
Partir!... Fuir avec toi! Me perdre! Voyager!
Oublier tout le reste!..

FRANÇOIS

  Et les remords?

FRANCINE, *les mains sur ses épaules.*

      Oui, même
Les remords! Je suis là; regarde-moi! Je t'aime!
Ne songe qu'à moi seule, entends-tu?... Tout est prêt!
Partons!... Je veux connaître à mon tour la forêt!
Nous y déjeunerons à la première étape,
Aux feux de l'aube!...
  Se préparant.
      J'ai du pain frais!... Là, ma cape!
...Du vin! Voici longtemps que tu n'en as pas bu,
Je pense!

FRANÇOIS

  Ma Francine!...

FRANCINE

      Il faut atteindre au but,
Te dis-je!... Il faut partir! Et partir au plus vite!...
  Lui donnant la cape.
Dis! Est-ce que ma main tremble? Est-ce que j'hésite?
  Elle s'entraîne.
Prenons par le jardin...
  Elle ouvre la porte, regarde au dehors, puis recule
  épouvantée.
      Non!... Ne te montre pas!...
Quelqu'un est là!

FRANÇOIS, *bas.*

Quelqu'un est là?

FRANCINE, *refermant avec précaution la porte du jardin.*
                        J'entends son pas
Sur le sable...
                FRANÇOIS, *bas*
            Qui donc?
                FRANCINE
            Je ne sais!
                    Résonnant.
                    Par la rue!...
    A ce moment on frappe à la porte de la rue.
Ah! grand Dieu!
        On frappe trois fois.
                C'est Annette!
                    Ouvrant.
                    Ah!
                    Annette entre essoufflée

Scène VI

LES MÊMES, ANNETTE

ANNETTE
                        Je suis accourue
Vous prévenir... Fuyez! la ville est en rumeur!
Vous risquez votre peau, François!
    On entend sous la fenêtre et dehors la voix de Faroux qui chante.
                FRANCINE
                    Est-ce qu'on meurt!
    A François.
Allons, suis-moi!
                FRANÇOIS
            Qui chante ainsi sous la fenêtre?
                ANNETTE
Faroux!
                FRANCINE
        Faroux!... J'aurais bien cru le reconnaître,
Le vieux drôle!
    Annette va à la fenêtre et regarde avec précaution.
                FRANÇOIS
Est-il seul?
                FRANCINE
                Écoutez son gredin,
Là!
                ANNETTE
    Deux gendarmes sont avec lui...
                FRANCINE
                    Le gredin!
                FRANÇOIS
Gagnez les champs par les ruelles détournées!
                ANNETTE
Trop tard!
                FRANCINE
        Pourtant, la cour et la maison!
                ANNETTE
                        Cernées!
                FRANCINE
François!
    Raconte sa débâcle encore inconnues.
                FRANÇOIS
        Ils ne m'auront pas vivant!
                FRANCINE
                        Pas vivant!
                FRANÇOIS
J'ai la force!
                FRANCINE
        Essayons la ruse, auparavant!...
Cache-toi!
                FRANÇOIS
        Je suis las de me cacher encore!
J'aime mieux...
                FRANCINE
        Mon François que j'aime, que j'adore,

Entre là!
    Elle montre l'enfoncement de la muraille, sous l'escalier.
                FRANÇOIS
        Non! — Pour toi, c'est gros risque à courir!
                FRANCINE
Ils me tueront avant que de te découvrir!...
    La rumeur augmente.
                FRANÇOIS
Et c'est pourquoi je veux partir!
                ANNETTE
                        Le bruit s'approche!
                FRANÇOIS, *à Annette.*
Ouvre la porte!...
                FRANCINE
            Eh bien, si tu pars, je m'accroche
A ton cou! Qu'on nous tue ensemble!...
                ANNETTE
                        Les voilà!
                FRANCINE, *suppliant François.*
Ils ne te verront point, je te jure!... Entre là!
                FRANÇOIS
Francine!...
                FRANCINE
    Entre!
    François entre sous l'escalier, s'y cache.

Scène VII

FRANCINE, ANNETTE, puis CLAUDE et RICHARD, puis GENDARMES

FRANCINE
                A nous deux! Du calme! Du courage!
Je me mets à filer! Et toi, prends ton ouvrage
A la table! Et causons!
    Elles s'installent.
                ANNETTE
            Ce sont eux!
                FRANCINE
                    Pas encor!
Quand je leur ouvrirai, ne tremble pas si fort!
Regarde-les avec la mine ensommeillée
D'une qui s'endormait en faisant la veillée,
Puis détourne les yeux et demeure à l'écart.
    On heurte.
                ANNETTE
Je les entends!
    UNE VOIX, *au dehors, tandis qu'on cogne à la porte.*
            Ohé!
                FRANCINE, *se levant.*
            Qui cogne donc si tard?
    UNE AUTRE VOIX.
Ouvrez vite!
                FRANCINE
        Est-ce une heure à mener tels vacarmes!
Vos noms!
                LA VOIX
    Claude et Richard, gendarmes.
                FRANCINE
                    Des gendarmes!
Quel service réclamez-vous, grand Dieu des cieux!
...C'est bon! J'ouvre!
    Bas à Annette.
                    Ne tremble pas!...
    Elle ouvre.
                    Entrez, messieurs!
    Entrent Claude et Richard. D'autres gendarmes apparaissent sur le seuil.
                CLAUDE
La patronne est au lit!
                FRANCINE, *désignant Annette.*
            Et celle-ci sommeille.

Plus qu'à moitié!... Je vas quérir une bouteille,
Hein!...

CLAUDE

Non!

FRANCINE, riant.

Vous en boiriez peut-être deux, des fois!

RICHARD

Nous verrons!... Livrez-nous d'abord François!

FRANCINE

François!...

CLAUDE

Votre amant.

FRANCINE va chercher la bouteille.

On apprend tous les jours de sa vie.
Gendarme!... Mon amant!...

Posant la bouteille sur la table.

La bouteille est servie!

Buvez. Ça vaudra mieux!...

Riant plus fort.

Mon amant!... Tiens, pardi,
Vous êtes, mon jeune homme, un gaillard bien hardi
D'insulter une fille!...

CLAUDE

Oui-da, beau diable à quatre!
François est votre amant, dis-je, et vous vous complaire!
On le sait... Il se cache ici!... Pourquoi nier?...

FRANCINE, tranquillement.

Cherchez, on va chez lui, de la cave au grenier!
La maison n'est pas grande.

RICHARD

Assez de ! dégage!...
Parbleu!... Nous ne pouvons attendre davantage
Et prétendons savoir la vérité...

FRANCINE

Sachez
Que je n'ai point revu François!

RICHARD

Tu mens!

FRANCINE, offrant la bouteille.

Cherchez!

CLAUDE

Vas-tu longtemps roder la dernière récolte?
Dépêche!

FRANCINE, sans bouger.

Non!... Je suis lasse d'être insultée!...
Mon amant!... Par le diable! il vous convient vraiment
De me donner François, mon maître pour amant...
Et je ne puis au moins qu'en sentir offensée,
Moi qui suis à jamer, son frère, Dancèle...
Je devrais supporter l'insulte sans broncher!
Non, ma foi!... Si François n'a point voulu marcher,
S'il s'est fait déserteur, le pauvre, entre un oncle!...

Se levant.

Je vous le dis en face, avec la tête haute
Et le cœur assuré; François n'est point ici!
Je mens, affirmez-vous!... C'est possible, merci!
En ce cas-là, honneur! Suivez vos aventures
Et fouillez la maison de la cave aux toitures!
Trouvez le nid sur l'arbre et décidez l'oiseau!

Reprenant son ouvrage.

Je retourne à ma tâche et reprends mon fuseau.
...Cherchez-le!

RICHARD

Prends bien garde!...

FRANCINE

Après? Votre colère,
Je m'en moque!

CLAUDE

C'est bien!

À Annette,

Toi, prends la lampe. Éclaire.

Passe devant.

Annette obéit. Catherine paraît sur l'escalier.

Scène VIII

LES MÊMES, CATHERINE, puis DEUX AUTRES GEN-
DARMES, puis FRANÇOIS

CATHERINE, effarée.

Francine!

FRANCINE, à part, voyant Catherine.

Ah! Dieu!

CATHERINE

Pourquoi ce bruit?

Elle descend l'escalier.

Des gendarmes!... Quoi donc?... Des gendarmes! la nuit!

RICHARD, gêné

Madame... excusez-nous, mais...

CATHERINE

Que je vous excuse?...

FRANCINE

Ils cherchent votre fils François, qu'on nous mena
D'accueillir chaque soir!

CATHERINE, avec force.

Mais le monde a menti!
Jamais il ne revint depuis qu'il est parti!...
Mais, Annette, à l'instant, me l'affirma encore.
François a disparu; son refuge, on l'ignore,
Messieurs!

À François et Annette.

Assurez-leur, enfants, que j'ai raison!

CLAUDE

Madame, nous devons fouiller votre maison!
Votre fils est présent; c'est vous qu'on a trompée!

CATHERINE

Mon fils François!... Messieurs...

RICHARD

Sa retraite est comptée,
Nous venons l'arrêter!

CATHERINE

Mon fils!

RICHARD

Vous l'allez voir
Avant longtemps.

FRANCINE

Eh bien, faites votre devoir
Et trouvez-le!...

Les deux hommes, précédés par Annette qui porte la
lampe, entrent à gauche, premier plan. La salle n'est
plus éclairée que par la lueur du feu.

CATHERINE, bas, à Francine.

François! Il n'est point là?

FRANCINE, même jeu.

Non, certe!

RICHARD, rentrant.

Rien par ici!

À Catherine, montrant la porte en haut de l'escalier.

Là haut... votre porte entr'ouverte?

CATHERINE

C'est ma chambre.

RICHARD, à Annette.

Passez devant!

Il monte l'escalier, suivie d'Annette, et entre dans la
chambre.

CLAUDE, à Francine.

Donc, vous niez
Toujours?...

Francine baisse les épaules.

Soit!

Il va à la fenêtre et dit aux gendarmes du dehors.

Visitez la cave et les greniers!

FRANCINE rit et le regarde ironiquement.

Ah! ah!

CLAUDE

Si tu pouvais me sauter à la gorge,

Heim?...
    Montrant la forge.
        De ce côté-là, ça partait!...
            CATHERINE
                C'est la forge
De mon oncle, Janet.
            CLAUDE
                Bon, j'allais oublier
D'y voir...
    A François.
        Une lanterne!
            CATHERINE, à François.
                Attends... sous l'auvent!
    *Elle va sous l'escalier. Soudain, apercevant François
    caché, elle pousse un cri.*
Oh! grand Dieu!...
            CLAUDE
                Qu'avez-vous? Vous tremblez!
            CATHERINE
                Moi, je tremble!
    Se mettant devant lui.
N'approchez pas!
            CLAUDE
                Je tiens la piste, ce me semble!
    Il marche droit à la cachette.
            CATHERINE
Non! Personne n'est là! Personne!
                Soudain, François s'élance.
            CLAUDE
                Ici, vous tous!
A l'aide!...
    *Les hommes, Richard et Annette rentrent en foule;
    les lances sont garnies.*
            CATHERINE
        Mon François! Mon garçon!
            CLAUDE
                Rendez-vous!
    Il fait un pas vers lui.
            FRANÇOIS, sortant son couteau.
Gare! mon couteau coupe et sa lame est pointue!
Le premier qui vers moi fait un pas, je le tue!...
            RICHARD
Saisissons-le!
            CATHERINE
        François!
            FRANCINE
        Pitié!... Grâce!... Pardon!
            FRANÇOIS
Venez me prendre!...
    *Et, d'un bond, il gagne la fenêtre, l'enjambe et dis-
    paraît.*
RICHARD, à celui des hommes qui arme à la fenêtre le premier.
        Tire!
            CATHERINE
            Arrêtez!...
            RICHARD
                Tire donc!
    Un coup de feu.
            FRANCINE, à la fenêtre, hurlant.
Ils l'ont tué!
            CLAUDE, aux deux hommes.
        Courez tous deux! qu'on le rapporte!
    *Les deux hommes sortent en courant. Grand silence. Ils
    reviennent, rapportant le corps de François qu'ils dé-
    posent sur la table du milieu. Catherine et Francine se
    précipitent avec des cris et des sanglots.*

            FRANCINE
Pourquoi ne suis-je pas aussi sanglante et morte!...
Mon François!... Oh! ce pauvre front, cet œil terne!...
Mais non! Tu n'es pas mort! Pas mort, mon bien-aimé!
            CATHERINE, se redressant.
Ton bien-aimé!
            FRANCINE
        C'est mon amant. Oui, je l'avoue!...
Mon amant!...
    Catherine sourit.
            Il est mort!... Ah! les bandits!... sa joue
Est si froide!... je ne l'entends plus respirer!...
            CATHERINE, aux gendarmes.
Vous pouvez, à présent, je crois, vous retirer!
Vous avez accompli votre besogne amère;
Un enfant, sitôt mort, n'appartient qu'à sa mère!...
Allez revoir vos fils avec le cœur content.
            RICHARD salue, puis sortant.
Venez, vous autres!
    Ils sortent.

Scène IX

FRANÇOIS, CATHERINE, FRANCINE, ANNETTE

            CATHERINE
    (à Francine, toujours sanglotante sur le corps de François.)
        Toi, va-t-en...
            FRANCINE
            Pitié!
            CATHERINE, terrible.
                Va-t'en!...
S'il est mort, c'est ta main qui l'a frappé, drôlesse!
            FRANCINE, à genoux.
Catherine!...
            CATHERINE
        Va-t'en!
            FRANCINE, debout, soudain très douce et soumise.
            Oui, soit. Je vous le laisse!
    Regardant François de loin.
Ses yeux! ses pauvres yeux! son sourire! sa voix!
...Oui, vous avez le droit de me chasser!...
                sanglotant.
                François!
    Elle sort...

Scène X

LES MÊMES, moins FRANCINE

            CATHERINE, à part.
Mon Dieu!... Voyons!...
        A Annette.
            Donne de l'eau, plein la terrine!
    *Elle se penche sur le corps de son fils. Annette obéit.
    Elle rapporte la terrine.*
Tiens la lampe!...
    Annette obéit.
            La balle est là, dans la poitrine!...
    Soudain, avec un grand cri de joie.
Ah! l'œil s'est entr'ouvert et le cœur a battu!
Il n'est pas mort!... Il faut le sauver, entends-tu?
    *Toutes deux, penchées sur François, s'empressent
    sur sa blessure.*

RIDEAU

Le Polonais. Janet. Clauss. Grenadière
Scène IV. — Grenadière : « Nous sommes les méchants qui partent à la guerre... »

ACTE III

26 NOVEMBRE 1812 — LA BÉRÉSINA

Sur toute la longueur de la scène, immense talus couvert de neige. La route qui mène à la rivière débouche de droite, premier plan, puis, suivant le talus, tourne aussitôt par derrière. On entend presque constamment le piétinement et la rumeur d'une foule en marche. Au fond, à gauche, on aperçoit la rivière charriant des glaçons. Coups de canon, au loin. C'est la fin de l'après-midi.

Scène première

DEUX SOLDATS, à droite, sur le talus surplombant la route.

LE VIEUX, *soutenant le jeune.*
Viens, flampin! Nous tenons la rivière... Allons-y!

LE JEUNE, *épuisé.*
Dis donc, est-ce ten bras, grognard, ou mon fusil
Que je sorte?

LE VIEUX, *lui serrant le bras davantage.*
Ne lâche pas! Garde ta place
Surtout!

Ils sont en haut du talus. Regardant au loin.
Voilà le pont de bateaux sur la glace!

LE JEUNE
Ça s'appelle, déjà?

LE VIEUX
Bérésina.

LE JEUNE
Si... Quoi?

À ce moment une affreuse clameur s'élève du côté de la rivière. Avec épouvante.
Oh! regarde!... J'aime encor mieux crever de froid!

LE VIEUX
Dame! on s'écrase un brin!

LE JEUNE
Et des morts! Il en roule!...

LE VIEUX
Ah! oui, des morts! On voit d'ici le sang qui coule!
...Avance!

LE JEUNE
Et le canon recommence à tousser!

LE VIEUX
Marche, flampin!

LE JEUNE
J'ai peur, grognard!

LE VIEUX
Il faut passer!

Ils disparaissent. Entre de droite la Grenadière, vivandière, sur sa charrette. Un soldat, Jean-Baptiste, tient par la bride le cheval qui glisse sur la neige, et le soutient.

Scène II

GRENADIÈRE, JEAN-BAPTISTE, puis DES SOLDATS

GRENADIÈRE, *sur la charrette.*
Arrête ici...
Jean-Baptiste s'obstine à entraîner le cheval sur le chemin.
Tu sais que j'ai le poing solide,
Jean-Baptiste!... A la fin, lâcheras-tu la bride!
Elle crie.
Oh! dia!
Elle saute de la charrette; la voiture s'arrête en scène, vers la gauche. Se retournant vers Jean-Baptiste.
Viens à présent recevoir ton paquet,
Mon pays! Viens!

JEAN-BAPTISTE, *s'approchant.*
De quoi!

GRENADIÈRE, *lui donnant une bourrade.*
Graine de fouriquet!

JEAN-BAPTISTE
Pourquoi ne point tenter de passer, Grenadière!

GRENADIÈRE

... la bûche qui couvre le charretier et bascule
        les fagots.
Prends là dedans les deux fagots, sous la charretière,
Et je te vas montrer, méchant pigeon pattu,
Comment on fait du feu sur la neige, entends-tu?

JEAN-BAPTISTE, sanglote.

Sûr!

GRENADIÈRE, tout en allumant son feu.

    Comme nous voilà tous deux de Normandie!
...Qué fagot! De quoi foutre au moins un merveille!
Tu te dégèleras les pieds mieux qu'à Moscou!
        Le canon au loin.
Bon! toujours le canon qui braille!
        Un boulet éclate sur la route, de l'autre côté [illegible]
                                Encore un coup!

JEAN-BAPTISTE, courant en haut et regardant avec précaution,
Un boulet sur la route, en bas!

GRENADIÈRE
                        Rentre ta jambe!

JEAN-BAPTISTE, redescend.
Ça fait trois morts!

GRENADIÈRE, très gaie.
        Trois morts!... Voilà mon feu qui flambe!
    Attisant la flamme avec son jupon.
Et je l'attise avec ma cotte et sous jupes!
Flambe, paillard!
    Un temps. Tous deux s'accroupissent autour du feu.
        Es-tu pas mieux que sur le pont!

JEAN-BAPTISTE
Oui bien, [illegible] nous faut passer!

GRENADIÈRE
                        N'importe donc!
Nous passerons après! Pour lors on s'embrouille! [illegible]
Plus souvent que j'irais trembler comme un grelot
En cluter, ma voiture et moi, le cul dans l'eau!
Chauffons-nous!
    Un temps. Nouvelle clameur au loin.

JEAN-BAPTISTE
        J'ai peur, moi, que le pont ne se rompe!

GRENADIÈRE
Non! Chauffe-toi!
        Un temps.

JEAN-BAPTISTE
            J'ai faim!

GRENADIÈRE
                Suce tes poings, ça trompe!
    Un petit groupe de soldats paraît sur le talus. Le dernier
    d'entre, apercevant le campement de la Grenadière.

LE SOLDAT
Oh! du feu!

GRENADIÈRE, se dressant.
    Toi, décampe.

LE SOLDAT
            Oh!

GRENADIÈRE, marchant sur lui.
                Veux-tu décaler,
Mauvais bougre!
    Le soldat disparaît. Ces autres vont à eux.

JEAN-BAPTISTE, à Grenadière qui revient s'asseoir.
    Ça sert!

GRENADIÈRE, les sions au feu.
        Écoute les goujats!
Ça veut passer quand même, à grand'pleine vitesse!
Tas de guenes! Ça connaît point la politesse!
Ça gisse, ça s'accroche au bois, ça ne sait pas [illegible]
Aussi, ça dégringole avec les os rompus
Et la gueule en compote! Et ça jure! Et ça pleure!...
    À Jean-Baptiste qui fait mine de vouloir se lever.
Reste en repos, pars, ce n'est pas encor l'heure!

JEAN-BAPTISTE, avec le vois supérieur d'un enfant.
Grenadière, nous passerions, si vous vouliez!

GRENADIÈRE, rauque.

Oh!

JEAN-BAPTISTE, peut temps,
J'ai si faim!...

GRENADIÈRE
    Mâche le cuir de mes souliers!
    En grognant.
Les loups, en bouffferait jour et nuit! Ça dévore!
Tu mangerais ce soir, toi, si tu vis encore!
    Il la regarde avec des yeux suppliants.
Suffit! Ne me fais pas ces yeux-là, cajôleur!
Approche-toi du feu! Ça nourrit, la chaleur!
    À ce moment, une forme surgit en haut du talus. C'est
    un véritable fantôme: un géant, enveloppé dans une
    pelisse magnifique.

L'HOMME
À boire!

GRENADIÈRE
    D'où sort-il, ce grand?... Quelle carrure!

L'HOMME, s'approchant.
À boire!

GRENADIÈRE
    Et qui paiera mon schnick!

L'HOMME, montrant la pelisse.
                    Cette fourrure!

GRENADIÈRE, debout.
Prise à Moscou!

L'HOMME, avec un large rire.
        Pardine!... Et chez des gens cossus!
    [illegible] pas et lire caresse dans le poil de la pelisse.
Garde-la! Ta victime a trop saigné dessus!

L'HOMME
À boire! Un verre! un seul, hein! Pour que je
                            [m'endorme!

GRENADIÈRE
Je n'ai plus rien.

L'HOMME
            La forme à se retourner, énervé sa pelisse lui fait voir,
            et apparaît un squelette, pitoyable et affreux.
            Prends ça!

GRENADIÈRE, l'arrachant.
                Mâtin!... bel uniforme
Sous ta peau d'ours!... Un sabre!... une cotte en
                            [lambeaux!
Pas de chemise; un pan de dolman, des sabots,
Des bas percés, un fil de sang pour jarretière!
    Éclatant de rire.
Tu plais aux games, dis, avec ta mine altière,
Et tu vas régaler ta catin, grand coureur!
    L'homme reste debout, stupide, sa pelisse au bout du
    bras. À Jean-Baptiste, le lui montrant.
Regarde ça! c'est un soldat de l'Empereur!

L'HOMME, à voix basse.
À boire!

GRENADIÈRE
    Fous le camp! Et toi!
        L'homme se retire en chancelant.

JEAN-BAPTISTE
                    Bon Dieu misère!
Comme il sanglote!

GRENADIÈRE
        Ah! ouat!
            Lui revient à boire.
                    Tiens! siffle-le, son verre!
Toi, je peux te gaver, au moins, je te connais.
    Montrant au Polonais qui, depuis le début de l'acte, est
    couché dans la neige.
Qu'est-ce que c'est, ce paquet noir?

JEAN-BAPTISTE
            Un Polonais.

Sans doute, il était là déjà, quand la charrette
A passé!
   S'approchant.
      Je crois qu'il est (tout mort)!
     GRENADIÈRE.
          Mort!... J'argentte!
Veille au feu, qui mourrait aussi, lui, le guerdin!
   Janet et Claudin, vêtus d'oripeaux en guenilles, pa-
   raissent en haut du talus. Janet soutient Claudin, le
   porte presque.

Scène III

GRENADIÈRE, JEAN-BAPTISTE, LE POLONAIS, JANET, CLAUDIN.

   GRENADIÈRE, *voyant entrer Janet et Claudin.*
Encor deux!
     CLAUDIN, *d'une voix faible.*
     Laisse-moi, Janet!
      JANET
          Voyons, Claudin!
Mais ton bras autour de mon cou, que je te porte!
Voici le pont! Il faut qu'on passe et qu'on en sorte!...
     CLAUDIN
Encor ce grand chemin neigeux toujours pareil.
Conduis-nous là!... Je veux dormir!... J'ai tant
               (sommeil!)
   Le canon gronde.
     JANET
Viens!
     CLAUDIN, *se laissant aller à terre.*
   Toujours le canon, les boulets, la bataille!
J'en ai mon sac!
     JANET *le soulève.*
   Marchons!
     CLAUDIN, *comme un enfant.*
          Je veux dormir!... je bâille.
Tu vois, Janet!... D'ailleurs, marcher, je ne veux plus!
Je suis gelé!
     JANET
     Viens seulement jusqu'au talus!

Grenadière (Mme Chéirel)

     CLAUDIN
Non! Dormir!
     JANET, *à secousses.*
     Es-tu donc un drôle à la manette?
   Il lui crie dans l'oreille.
Ohé! Claudin!... Nous allons battre la semelle,
Nous deux! Pour commencer! Hein! tu entends-tu!
     CLAUDIN, *assoupi.*
             J'entends!
Dormir!...
     JANET
   Quand on s'endort ici, c'est pour longtemps!
     GRENADIÈRE
Quand on s'endort ici, c'est pour crever, ma belle!
     JANET, *secouant Claudin.*
Claudin! Songe au pays, à ta sœur qui t'appelle!
     CLAUDIN, *avec un gros soupir.*
L'Annette!
     Il se met sur son séant.
     Ah! oui! je veux la revoir! sûrement!
     Il retombe en sanglotant.
     JANET
Oh! mon pauvre Claudin qui pleure en s'endormant!
     Le soulevant à pleins bras.
Non! Ne t'allonge point par terre!... On se creuse,
Que diable!... Adosse-toi plutôt contre la roue
De la charrette!
     Il parvient à le relever, à l'adosser comme il le dit.
     Là! Tiens-toi debout! D'aplomb!
     CLAUDIN
Le sommeil m'a tombé dessus comme du plomb!
Va-t'en! Je veux dormir!
     Il se rendort brusquement.
     JANET
     Claudin! Tu n'as pas honte
De me vexer!
     CLAUDIN
     Pardon!
     JANET
     Tiens! Compte avec moi! Compte
Jusqu'à dix!
     Claudin le regarde.
     Quelle frime, en frappant des talons!
     CLAUDIN
Un! Deux! Trois! Quatre!
     Somnolent.
     Ils vont arriver, les corbeaux!
     JANET
Compte plus fort!
     CLAUDIN
     Cinq! Six!
     Même feu.
     Des morts! quelle pâture!
     GRENADIÈRE, *à Jean-Baptiste.*
Passe-moi le baril de schnick, dans la voiture!
     CLAUDIN
Les corbeaux!... Celui-là sortant qui croassait!
...J'ai peur!
     JANET
   Peur!... Songe aux nuits de fête, où l'on dansait
Chez nous!... Au cheval d'or, tu sais! chez la Odile!
La Bertha n'était pas alors trop se gondile.
Hein, vieux! Et qui menait le branle en gazouillant?
Claudin!
     CLAUDIN, *comme s'il sortait d'un rêve.*
   Oui! La Bertha!... Je vois son œil brillant!
     JANET
Tu te souviens, pas vrai! Le dimanche, à la danse!
Eh, pour te dégourdir, marque un peu la cadence!
Vire-toi, les deux bras ouverts, comme un frelon
Sur un rosier!... Et moi je tiens le violon!
     Il se met à chanter un air de danse et Claudin, en effet,
     commence peu à peu à tourner, les bras ouverts, de
     gondil tout à fait.

CLAUDIN, *tout de profils et dansant*

Ah! ça!

JANET
Regarde, vois! c'est le pays qui passe!

GRENADIÈRE
L'air en gaillard!

JEAN BAPTISTE
Et le canon qui fait la basse!

CLAUDIN
Oui! ça va mieux!

GRENADIÈRE, *lui tendant un verre d'eau-de-vie*
Bois ça, pour te remettre au pas!

CLAUDIN
Ah! grand merci, la mère!
Il boit.

GRENADIÈRE, *versant à boire à Janet*
Et toi, t'es un vrai gas!
Tu m'as changé le cœur; c'est de pitié qu'il grigne
À présent!
Elle verse de rage de Pologne.
Eh! viens boire aussi, toi, la Pologne,
En attendant que tu sois mort!
La Pologne s'approche. On trinque.
À un sourd!
À Jean Baptiste qui remonte le talus.
Où viens-tu ton coup, Jean Baptiste!

JEAN BAPTISTE
À côté!

GRENADIÈRE
Reste là!

JEAN BAPTISTE, *en haut du talus*
Je reviens!

GRENADIÈRE
Gare aux boulets, mon drôle!

JEAN BAPTISTE
Bon! ça ne tire pas!

GRENADIÈRE
Oui! oui! Lève l'épaule!

Jean Baptiste disparaît. Une salve.
Si le canon l'étripe, il viendra me chercler!

Scène IV

LES MÊMES, *moins* JEAN BAPTISTE

GRENADIÈRE, *au Polonais qui regagne sa place*
Eh! l'homme! approche-toi du feu! Viens te sécher!
Avance à l'orient, avec ta p'tite enveloppe!
Qu'est-ce qu'elle a, cette main droite?

LE POLONAIS, *qui se retient de pleurer*
On l'a coupée!

GRENADIÈRE
Pauvre loup!
Voyant qu'il pleure.
Pleure pas! Défense au sentiment!
Chut!... Vous êtes mes gas, tous! Je suis la maman!
Et je m'entends, moi seule, à remplacer les vôtres!
Entendez-vous? Je suis votre mère, à vous autres!...
Vivandière, conscrits, ça n'est pas seulement
Celle qui tend la goutte à boire, au bon moment,
Alors que le troupier tourne l'œil et chancelle,
Vivandière, mes pauvres gas, c'est surtout celle
Qui berce les blessés sur son cœur, celle-là
Qui murmure aux fiévreux: « Ta maman, la voilà!
» Pour te garder des coups, se voit comme naguère!...»
Nous sommes les mamans qui partent à la guerre
Et vous êtes nos fils perdus et retrouvés!...
As-tu compris cela, la Pologne!... Buvez!
Un buvant.
C'est du vrai schnick.

CLAUDIN
Ah! dame! ça réchauffe!

JANET
Et sévère.

CLAUDIN
Un peu saxé!

GRENADIÈRE
C'est que tu pleures dans ton verre,
Nigaud!

CLAUDIN
Ça fait du bien, les larmes!
Le canon redouble.

GRENADIÈRE
Rentre-les
Pour l'instant! Ouvre l'œil et l'oreille aux boulets!
Mes cochons de Russes canardent le passage
Et Baptiste qui rôde alentour!
À Claudin qui se lève.
Toi, sois sage!
Tu crèverais là-bas sans chantre ni curé!...
Sitôt qu'il sera temps, je vous avertirai!...
Ne bronchez pas! Buvez à petites gorgées
Et croisez-vous!
Les regardant, attendrie.
Ah! pauvres gueules ravagées!
Depuis le premier jour, les gas, qu'on s'est battu,
On a souffert sur soul, pas vrai?

CLAUDIN, *à Janet et Grenadière*
J'étais foutu,
Sans vous deux!

GRENADIÈRE
Et pourtant ta carcasse est sauvée!

CLAUDIN
Pour cette fois!... Mon heure était pas arrivée!

GRENADIÈRE, *riant*
T'en as la gueule ouverte et l'œil tout ébahi!

CLAUDIN
C'est vrai!

JANET
Pauvre Claudin!

GRENADIÈRE
Deux frères!

JANET
Deux pays!

CLAUDIN
Partis le même jour!

JANET
Et par la même route!

Janet (M. Gémier).

GRENADIÈRE

Fait toute la campagne, hein? Côte à côte!

JANET

           Oui, toute!

Mohilew!

GRENADIÈRE

Ah! leur Borysthène!

JANET

           On s'est cachés

Deux nuits, au creux du fleuve!

CLAUDIN

           Et la ville aux clochers,

Smolensk!

GRENADIÈRE

     Où je perdis ma capote, errante

Deux jours seul!

JANET

La Moskowa!

GRENADIÈRE

           Rude journée!

Ah! je les ai finies, Cosaques et Kalmoucks,

Puants et galopants comme un troupeau de boeufs!...

CLAUDIN

Et les Bachkirs, avec leurs flèches meurtrières!...

GRENADIÈRE

...Dont une m'atteignit, les gaz, dans nos derrières,

Comme on dit!... Et, pendant six heures, j'ai gueulé!

Le jour que l'Empereur justement a parlé!

CLAUDIN

Ah!... Voici le soleil d'Austerlitz...

GRENADIÈRE

           Quel cantique!

CLAUDIN

« — Vous vous direz, au sein du foyer domestique,

« Soldats: « Je combattais sous les murs de Moscou! »

GRENADIÈRE

C'était beau! Le soleil se montra d'un seul coup

Et, tandis qu'il montait, l'orgueil chauffait les âmes!

JANET

Oui! mais Moscou, huit jours après, était en flammes!

CLAUDIN

Et tous ses palais d'or, avec leurs toits peints,

S'éparpillaient au vent, pareils à des fétus

De paille!

GRENADIÈRE

     J'ai vu ça, du haut de ma charrette!

J'en ai vu d'autres!

JANET

     Puis l'hiver!

CLAUDIN

           Puis la retraite!

JANET

Depuis deux mois passés!

CLAUDIN

     Affamés!

JANET

           Grelottons!

CLAUDIN

Et nous voilà!

GRENADIÈRE

     N'allez pas geindre; c'est honteux!

Ça vous va, d'étaler vos peurs, en enfilades!

Ah! bougres de conscrits, vous voilà bien malades!...

Mais moi, toujours roulant de guenille en lambeau,

J'ai traîné si longtemps ma botte en mon sabot,

D'Italie en Autriche et d'étape en victoire,

Partout où l'Empereur allait quérir sa gloire,

Que je ne sais plus bien s'il fait chaud, s'il fait froid,

Quel pays je traverse et quel prince ou quel roi

Nous allons battre! Et qui des miens rechappe ou reste!

Je marche! l'Empereur commande; il fait son geste

Et je suis, sans révolte et sans me désoler!

Sait-il pas mieux que nous où nous devons aller!

CLAUDIN, grognant

Mieux que nous!

JANET

     Oui, pardieu! Sa route on l'a suivie,

Livrant déjà son cœur, prêt à livrer sa vie!

Grâce à l'immense espoir que sans cesse on reçut,

En dépit des tourments, sans cesse on le suivait!

Tant que son cheval blanc marchait à la victoire,

On a cru, l'Empereur, ce qu'il nous a fait croire,

Et son nom fut béni jusqu'en agonisant!

On était des vainqueurs, alors! Mais, à présent,

Que sommes-nous! Mourims, blessés, seignants, livides,

Des demi-fous! Nos cœurs et nos ventres sont vides!

L'Empereur! Disparu! Tous nos chefs! Enrolés!

Si nous marchons quand même, avec nos pieds gelés,

Sans souliers, au hasard des grand'routes glacées,

C'est l'imbécile instinct des bêtes pourchassées

Qui nous pousse! Et pourtant, sur le commun charnier,

Nous devrons, avant peu, pourrir jusqu'au dernier!

La mort a trop d'atouts au jeu! Cette campagne

C'est son plus beau triomphe; à tous coups elle gagne

Avec la guerre, avec la fringale et le froid!...

Ah! l'Empereur! Il s'est fichu de nous!

GRENADIÈRE

           Tais toi!

CLAUDIN

Il parle au nom de tous!

GRENADIÈRE, furieuse

     Il parle comme un traître!

Où prenez-vous le droit de juger votre maître!

Quand, fronçant les sourcils, l'Empereur dit: « Je

           veux. »

Qu'attendez-vous pour vous soumettre, imbéciles, morveux!

L'Empereur ne se trompe pas! veuillez l'apprendre!

Mais vous ne pensez pas, vous, toujours le comprendre,

Pardi!... N'ayez pour voir d'autres yeux que les siens!

Tout ce qu'il fait, malgré canons et boulions,

C'est bien! Tout ce qu'il veut tenter pour la patrie,

C'est utile, malgré massacre et boucherie!

Si l'Empereur l'exige, ô soldats sans souliers,

Vous tous, les affamés et les déguenillés,

Avec vos cris, et vos bâtons, et vos guenilles,

Vous broierez l'ennemi comme un nid de chenilles,

Vous le disperserez comme un vol de corbeaux

Et vous prendrez le monde, avec vos gros sabots!

JANET

L'Empereur!

GRENADIÈRE

     L'as-tu vu comme moi, Grenadière,

S'élancer au galop sur le front de bandière!

As-tu senti ses yeux sur toi, comme un éclair!

JANET

Je n'y crois plus, que je vous dis! J'ai trop souffert!

GRENADIÈRE, avec enthousiasme

L'Italie! Et l'Autriche encore! Et la Bavière!

Et la Russie!

JANET

     Et tous ces morts dans la rivière!

GRENADIÈRE

Mais songe donc...

JANET

     Et tous ces morts sur le talus!

Je songe à mon pays que je ne verrai plus!

Je songe que sa gloire à lui n'est qu'un mensonge,

Que je le hais! Voilà, pardieu, ce que je songe!...

C'est trop pâtir aussi, que de pâtir autant!

Et mon frère a bien fait peut-être en désertant!

CLAUDIN

Janet!

GRENADIÈRE

Ton frère a déserté! Bel héritage!

Il est juste que toi tu souffres davantage

Alors, pour les serments que ton frère a trahis!

JANET

Faut qu'il reste l'espoir de rentrer au pays,

J'ai contenu ma rage et maté ma souffrance!
Mais ces yeux-là jamais ne reverront la France,
Ni les champs, ni les bois, ni les clochers français!

    Pleurant.

Je dois crever ici!

    GRENADIER

    Qu'en sais-tu?

    JANET

        Je le sais!

Comme j'aurais plaisir à l'embrasser, ma vieille,
En robe noire, en bonnet blanc, toujours pareille,
A serrer sur mon cœur son vieux cœur étouffant!
Comme on a vite fait de devenir enfant!

    Un temps.

    LE POLONAIS, *d'une voix douce et timide.*

Moi, c'est une maison de planches que j'habite...
La famille est nombreuse et la maison petite,
On se serre, les plus menus sur les plus grands...
C'est un pays de lacs, de marais, de torrents,
Vers l'Ukraine. Mes sœurs portent des jupes bleues
Qui claquent. La forêt s'étend à treize lieues,
On peut s'y perdre; mais je sais comme on en sort!..
Et la mère est aveugle et le vieux père est mort,
L'un dernier, en chargeant de ma voix à la guerre.
J'aimerais comme toi, Français, revoir ma mère,
Et je ne verrai plus, à la neuve saison,
Ni la Pologne, ni les miens, ni ma maison!

    Un boulet arrive sur le chemin, de l'autre côté du talus.

    GRENADIER

Crénom! Rentrez la tête et roulez-vous en boule!
Ça chauffe dur là haut!

    CLAUDIN

    C'est le pont qui s'écroule!

    Grand vacarme, la voix du côté du pont.

    GRENADIER

C'est le feu des fuyards qui vient de s'écrouler!
Ça ne sait pas mourir, ces champs, sans gueuler!..
Et Jean-Baptiste! Où diable a-t-il traîné sa musette!..

    Elle remonte.

    LE POLONAIS

Est-ce qu'on danse aussi, chez toi?

    JANET

        Chaque dimanche!

    LE POLONAIS

Et puis, à la veillée, en hiver?

    GRENADIÈRE

    Gare au grain!

    Un autre boulet éclate.

    LE POLONAIS

...Et l'on chante, on s'accompagnant du tambourin!

    JANET

Nous, c'est un violon!

    LE POLONAIS

    Ah!

    Chanson mélancolique du Polonais.

    GRENADIÈRE

    Songez à vous taire!

Couchez-vous!

    JANET

    Ton métier?

    LE POLONAIS

        Je travaille à la terre...

Et je dresse aussi les chevaux!

    JANET

    Faut être prompt!

    LE POLONAIS, *souriant.*

J'ai l'habitude!.. Et toi, que fais-tu?

    JANET

    Forgeron!

Un bon état! Solide et conséquent?

    LE POLONAIS

    Mais quoi!

L'enclume, le marteau, le feu!..

    JANET

    J'ai l'habitude!

    GRENADIÈRE, *criant.*

    Elle grimpe sur le talus, se penche vers le chemin, regarde.

Ah! le bougre! J'ai cru qu'il était touché... Non!
Jean-Baptiste! Prends garde à toi! gare au canon!

    LE POLONAIS, *à Janet.*

Nos regrets ne sont pas différents, au contraire!
Tu me parles, Français, à la façon d'un frère
Ou d'un pays! Il me semble que tu connais
Mon village, ma mère et mon toit polonais!

    JANET, *avec accablement.*

Vois-tu, malgré le ciel, le parler, les coutumes,
Nos deux cœurs sont gonflés des mêmes amertumes,
Et ta mère, du fond de ses vieux angoisses,
Verra les mêmes pleurs que la tienne a versés!

    CLAUDIN

Bah! vous les reverrez, vos mères, je parie!..
Et moi j'embrasserai un sœur!.. Oh! je t'en prie,
Ne t'abandonne pas au désespoir, Janet!
Tout à l'heure, pourtant, ta voix me ranimait!
Janet, tu reverras ton monde! Prends courage!

    JANET, *à mi-voix.*

J'ai froid!

    CLAUDIN

    On ne meurt pas de misère, à notre âge!

Regarde-moi, Janet! Ne tremble pas si fort!
Viens! Nous allons marcher vers le fleuve!

    Un nouveau boulet éclate.

    GRENADIÈRE, *hurlant, en haut du talus.*

        Il est mort!

Mon pauvre Jean-Baptiste!

    Claudin et le Polonais se penchent.

    CLAUDIN

    Où donc?

    GRENADIÈRE

        Là, sur la route!

Le boulet l'a traîné! Mort!..

    Soudain.

        Il remue. Écoute!

Il geint!.. Oh! ce canon qui s'acharne à cracher!
Taisez-vous donc, là-haut!.. Ah! je cours le chercher!
Tant pis!

    LE POLONAIS

    Non! Moi, j'y cours!

    JANET, *s'élançant.*

        Reste toi, la Pologne!

Je le ramène!

    Il descend en courant vers le chemin.

    GRENADIÈRE

    Où vas?

    Janet disparaît. Elle le suit des yeux avec angoisse. Le canon continue.

    Mais ce canon qui grogne

Ne se taira donc pas! Ne se taira-t-il donc pas!

    Se précipitant.

Doucement... Bon!.. Prends-le sous les bras!.. Nous
        les bras!
Là... saigne le talus! le talus nous protège
Un peu... Ce pauvre gas qui saigne sur la neige!
Remonte!.. Attends-moi là! Ne marche plus! Assez!
J'arrive à ton secours.

    À ce moment, Janet apparaît en haut du talus, portant sur son dos Jean-Baptiste dont il a ramené les bras par-dessus son épaule. Lui-même a les deux bras dressés et ...it les mains de Simon dans les siennes. Un éclair. Une détonation. Ils roulent tous les deux et disparaissent le talus. Jean-Baptiste est mort. Janet est atteint aux deux bras.

    Ah! tous deux renversés!

    À genoux devant Jean-Baptiste.

Mort!

    CLAUDIN, *courant à Janet.*

Janet!

    JANET, *assis à terre.*

    Je n'ai rien, moi! Je n'ai rien, je saigne!

    Très calme.

Bah!..

CLAUDIN

Pauvre Janet!

JANET

Je ne veux pas qu'on me plaigne!

Tais-toi.

Écoute déjà.

C'est le canon... la neige!...

Avec un air de quadrille amoureux.

Ah! le bon Dieu!

CLAUDIN, à Grenadière qui s'est relevée, lui montrant Janet.

Les deux bras!... En emportant l'autre!

GRENADIÈRE, allant à la charrette.

Espère un peu!

Tandis qu'elle fouille dans la charrette. Écoutant le grondement du canon.

Ah! les gueux! Que je ... crève aussi, moi! que je crève!

Elle revient à Janet, portant des bandes de toile. Elle s'approche de Janet.

Laisser mal!

Il se lève.

GRENADIÈRE

Que fais-tu, garçon?

JANET

Rien. Je me lève.

C'est l'heure de se mettre au travail!

À Claudin.

Les volets!

CLAUDIN

Que dis-tu?

JANET, Le jour baisse. Faisant quelques pas.

Les volets de la forge! Ouvre-les!...

Françine me sourit et sa chanson résonne!

La mère est là, dans sa cuisine, qui tisonne.

Les roches du jardin ronflent comme un tambour!

Et voici les chevaux qui partent au labour!...

Tiens, les conscrits!... L'odeur des foules vous enivre!

Viens, mon frère!... Eh! François, tu ne veux pas

[nous suivre!]

François, prends donc mon bras! Chemine à mon côté!...

Tu te sauves!... Il déserte! Il a déserté!...

Pourquoi? Françine est là!... Comme il vire autour d'elle!

Non! Françine est à moi, de tout son cœur fidèle,

Fidèle à notre amour, fidèle à son serment.

Je ne veux plus les voir!... J'ai mal!

Avec la voix d'un enfant.

J'ai mal!... Maman!

Il s'affaisse.

GRENADIÈRE, à Claudin.

C'est la fièvre!

CLAUDIN

Ah! les yeux troublés... la bouche amère!...

JANET

Pourquoi n'est-elle pas près de moi?

CLAUDIN

Qui?

JANET

Ma mère!

CLAUDIN

Nous sommes là tous deux, Janet, regarde-nous.

JANET, dans un souffle.

Oui...

GRENADIÈRE, à Claudin.

Pose-lui la tête au creux de mes genoux.

JANET, comme en rêve.

J'ai mal!

GRENADIÈRE

Ah! voir souffrir les gas! quelle corvée!

JANET

J'ai mal!

Il ouvre les yeux. Avec élan.

Ah! te voilà! Toi! je t'ai retrouvée.

Maman!

GRENADIÈRE

Mon fieu!

JANET

Je vais dormir. Dormir un peu...

GRENADIÈRE

Oui, mon fieu!

JANET

Reste là!... Tu restes!

GRENADIÈRE

Oui, mon fieu!

JANET, après un temps.

Qu'on est heureux d'être à l'abri... Tiens-toi tournée

De mon côté... Je suis devant la cheminée,

Pas vrai?... Berçant-le moi comme un petit garçon,

Et chante-moi, pour mieux m'endormir, ta chanson!...

GRENADIÈRE

Laquelle?

JANET

Tu sais bien...

GRENADIÈRE

Oui!

JANET

La petite grise!

GRENADIÈRE, bas à Claudin.

J'ai su ça dans les temps, mais je l'ai désapprise

Depuis! La connais-tu?

CLAUDIN

Je m'en souviens encor.

Il fredonne.

GRENADIÈRE, se souvenant.

Ah! mais oui!

JANET

Chante un peu.

Elle chante. Après un moment.

Maman! Maman!

Sa tête retombe.

GRENADIÈRE, posant l'oreille.

Il dort.

Ça s'apaise, on dirait!

CLAUDIN

Oui, le canon s'arrête!

GRENADIÈRE

Profitons-en! Couchons-le là, dans une charrette!

Claudin et la Polonaise soulèvent Janet et le portent dans la charrette. Puis la Polonaise désignant le corps de Jean-Baptiste.

LE POLONAIS

L'autre!

GRENADIÈRE, désespérée et farouche.

L'autre est heureux, Polognel! Il est guéri!

Reboutant ses larmes. À Claudin.

C'est l'instant de passer la rivière, conscrit!

En avant! les Russkos sont traîtres! Gare au piège!

LE POLONAIS

L'abandonner ainsi! Pour toujours! Sur la neige!...

GRENADIÈRE, malgré elle.

La mère a tant pleuré, le jour qu'il est parti!

CLAUDIN

Et quand elle apprendra...

GRENADIÈRE

C'est la guerre, petit!

Se penchant sur Jean-Baptiste qu'elle embrasse.

Adieu, pays! Je vas t'embrasser « en pour elle »!

Vois comme sa figure est paisible! Et si belle!

On jurerait qu'il dort, couché sur ce talus!

Tout ce qu'il a souffert ne se voit déjà plus!

Se relevant. Brusquement.

Allons, vous deux, à la charrette! Est-ce qu'on pleure!

Encore Pologne!

À Claudin.

Et toi, tu t'endors... Tout à l'heure

Il serait trop tard! Vite! ajuste le collier!

Il nous faut pour l'instant, mes gas, tout oublier,

Tout!... La route est encore, la bataille est perdue...

N'y pensons plus! Marchons!

À Jean-Baptiste.

Adieu, pays!

Faisant claquer son fouet.

Dia! Hue!

RIDEAU

Scène IX. — Janet. « Sont-ils partis ?... »

ACTE IV

La salle. Le décor identique au premier acte, après, vide d'ustensiles, vaisselle et faïence.

Scène première

FRANCINE, CATHERINE, puis ANNETTE

Au lever du rideau, Francine taille le pain pour la soupe, devant le dressoir à gauche, Catherine, nouant d'une longue mains, descend l'escalier de la chambre.

CATHERINE

François n'est pas rentré ?

FRANCINE

Non, je taille la pain
Pour sa soupe... Il élait sur la côte ce matin,
Il sera là dans un moment.

CATHERINE, *indiquant la table de droite.*

Dressez la Table.

Francine dresse le couvert de François. Pendant ce temps, Annette entre du fond, couverte, elle aussi, pour la messe. Elle vient chercher Catherine pour aller à l'église.

FRANCINE, *se met sérieusement à l'ouvrage.*

Je conduis à présent les vaches à l'établiy
Et m'en reviens!

Froidement, à Annette.
Bonjour!

ANNETTE, *même jeu.*
Bonjour!

La regardant sortir.
Francine ici!

Francine sort à droite.

Scène II
CATHERINE, ANNETTE

Viens près du feu! L'automne est vif! On est transi!

ANNETTE, *grave.*

C'est que... l'heure a sonné de nous rendre à l'église!

Catherine la regarde, puis, venant vers elle...

CATHERINE

Je sais quelle nuisance, enfant, te scandalise!...
Je me demande aussi parfois quelle raison
Il a pu faire à souvent souffrir en ma maison
Cette excuse! et comprends pourquoi tu me débiases!
Va! le cœur d'une mère a toutes les faiblesses!
François, laissé pour mort puis, grâce à nous, sauvé,
Emprisonné dix mois, perdu, puis retrouvé,
Chéri du mère mort sa vieille à tête blanche,
Mais ma mauvaise pluie est toujours aussi franche!
« Je la veux, m'a-t-il dit, je ne peux l'oublier »
Dit Francine en les devoirs le mois dernier!

ANNETTE

Un mois!... Et c'est sans doute au printemps qu'il
(L'épouse!)

CATHERINE

Qui est ?

ANNETTE, *l'entourant.*
Et cette toutes paisible, point jalouse,
Sourde à l'ingratitude, et soumise au dédain!...

CATHERINE

Je sais ça mère!

ANNETTE, *suspirant.*
Où sont et Janet et Claudin
Durant que ces gens-là gardent votre pensée!

La regardant les mains.
Vous n'y songez donc plus, à Janet?

CATHERINE

Insensée!
Si je fuis mon angoisse affreuse en l'étouffant,
C'est que, vois-tu, je crains de savoir, mon enfant!
Quand je veux dire à Dieu, « Rendez-le-moi! » à je n'ose!
Je ne dis rien, tremblant d'apprendre quelque chose.

Et ne veux pas, malgré mon désir le plus fort,
Songer à lui vivant, de peur qu'il ne soit mort!

ANNETTE
Catherine, espérez!

Francine entre.

CATHERINE
Ah! sans doute, j'espère!
Espérons! moi, pour mon enfant; toi, pour ton frère!..

Apercevant Francine.

Allons!

Tous deux sortent par le fond.

Scène III

FRANCINE, puis FRANÇOIS

Francine verse la soupe de François, puis va à la fenêtre.

FRANCINE
As-tu faim?

FRANÇOIS, *entrant la cognée sur l'épaule.*
Sûr.

FRANCINE
Bon!

Tandis qu'il dépose sa cognée dans un coin.
L'arbre est abattu!

FRANÇOIS, *s'asseyant à table.*
Sans encombre.

Un silence. Il mange.

FRANCINE
Est-elle assez chaude?

FRANÇOIS, *repoussant son assiette.*
Eh oui!

FRANCINE
Qu'as-tu?

FRANÇOIS
Des gens parlaient là-haut — moi je n'écoutais guère!—
D'un garçon qui serait revenu de la guerre!

FRANCINE
Ah! Quand?

FRANÇOIS
Ce matin même. Au petit jour luisant.

Janet (M. Génier).

FRANCINE
Eh bien!

FRANÇOIS
Eh bien, les morts reviennent à présent!

FRANCINE
François, ne pense pas...

FRANÇOIS, *se levant.*
Ah! j'y pense, au contraire!

Presque à voix basse.
S'il allait revenir aussi, l'autre, mon frère,
Janet!

Il lui serre les mains.

FRANCINE
Tu me fais mal!

FRANÇOIS
Je te fais mal! Parlons!

La lâchant.
...Enfin, s'il n'était pas...

FRANCINE
Mais qu'espères-tu donc!

FRANÇOIS
Rien!

Se rasseyant.
Viens là! Donne-moi tes mains! Que je te tienne!
Entends-tu, je te garde, à moi! Quoi qu'il advienne,
Je veux contre mon cœur sentir ton cœur battant!
Car tu ne m'aimes toujours, pas vrai? Toujours autant?

FRANCINE
Tu le sais!

FRANÇOIS
Quand, le soir, il faut que je m'endorme,
Je crains... S'il revenait, avec son uniforme,
Et son rire... ! en montrant les dents, comme les loups,
Si blanches, dis?

Souriant avec rage et tremblant.
Je suis jaloux, jaloux, jaloux!

Sombre.
...Pourquoi t'écartes-tu! Que crains-tu? Quels reproches!
Dis! Quelle répugnance as-tu, quand tu m'approches!

FRANCINE
Moi?

FRANÇOIS
Je l'ai remarqué déjà!

FRANCINE, *essayant de rire.*
Grand innocent!

Elle l'embrasse.

FRANÇOIS
Pourquoi te détourner si vite, en m'embrassant?

FRANCINE
Me détourner?.. François, tu trembles!

FRANÇOIS
C'est de rage!

Il se lève.
N'avons-nous pas le droit d'être heureux, à notre âge!
Suis-je pas ton François, ton ami, ton amant!
Si! nous serons heureux! Je le veux!.. Seulement...

FRANCINE
Quoi donc?

FRANÇOIS
Laisse ta main, Francine, dans la mienne!
Seulement...

A voix basse, épouvanté.
Il ne faut pas que Janet revienne!
J'entends te garder seul!

FRANCINE
Mais tu me garderas!
Sois en paix!

FRANÇOIS
Laisse-moi te prendre dans mes bras!

FRANCINE
Je suis à toi!

FRANÇOIS
Moi seul! je te tiens, je te garde!

La contemplant avec adoration.
Pourvu que je t'étreigne et que je te regarde,
Pourvu que je t'entende en dormant respirer,
Je suis bien! Je n'ai point de larmes à pleurer!
Mon mal est oublié, ma faiblesse est heureuse!...
Je n'ai plus de pays, je n'ai qu'une nourrice!

FRANCINE
Je t'aime!

FRANÇOIS, après un silence.
Et cependant, malgré tous tes efforts,
Quelque chose te trouble!...

FRANCINE
Eh bien...

FRANÇOIS
Quoi?

FRANCINE
Le remords!

FRANÇOIS, furieusement.
Tais-toi! Chasse bien loin ces rêves en fumées!
Janet a disparu, quelque part, aux armées,
Et nous sommes, depuis trente mois révolus,
Sans nouvelles! Voilà le vrai! N'y pensons plus!

FRANCINE, à voix basse et comme malgré elle.
Ah! le remords! Comme il grandit! Comme il se glisse!

FRANÇOIS
Sois! J'accepte ce crime, avec toi pour complice
D'être le frère ingrat, le fils dénaturé,
Et quand je serai las, eh bien, je me tuerai,
Voilà tout!
Montrant le fusil pendu au manteau de la cheminée.
Ce fusil, là-haut, je le décroche
Et...
Apercevant sa mère qui entre.
Viens! Sois moi!
Il empoigne Francine et sort à gauche avec elle.

Scène IV

CATHERINE, ANNETTE

CATHERINE, s'arrêtant interdite en voyant sortir François.
Mon fils s'enfuit à mon approche!
Relevant sa mère.
Faut-il avoir souffert, traîné comme en forçat,
Enduré soixante ans de labeur, pour voir ça!

ANNETTE, la guidant vers le fauteuil au coin du feu.
Reposez-vous! Ne parlez point! Vous êtes fébrile.

CATHERINE, l'arrêtant d'un temps.
Nous n'étions que nous deux à cette messe basse,
Nous deux et le curé! C'est le premier matin!...
Pas une âme! On n'attend plus! L'espoir s'éteint!...

ANNETTE
Catherine!

CATHERINE
Eh! sans doute! Il faut être obstinée
Pour espérer encor, fille, après trois années!
Il a croulé, l'espoir où chacun s'accrochait!
Rappelle-toi les bulletins qu'on affichait
À la mairie, et que nous lisions sur la porte,
En sanglotant! La mère Angélique où est morte!...
Rappelle-toi les chariots qui sont passés
Sur la route, huit jours durant, lourds de blessés,
Lorsque, de chaque seuil et de chaque fenêtre,
Nous autres, les parents, cherchions à reconnaître,
Parmi les malheureux entassés là dedans,
Le nôtre! grelottans, blême et claquant les dents!
Se levant.
Voici deux ans que les charrettes sont passées!...
Ils sont morts!

ANNETTE
Taisez-vous.

CATHERINE
Nous sommes insensées,
Te dis-je!... Attendre encore!... Ah! j'ai trop attendu!..

Marchant de long en large.
Du moins, leur Empereur est aujourd'hui perdu!
Du moins, après nos jours sanglants, nos nuits funèbres,
Dieu venge enfin les cris et les sanglots des mères!...
Va! Les pleurs refoulés se tournent en poison!
Et cette Mautournée avait jadis raison
De le maudire! Et moi, je le maudis comme elle!
Car je suis, foutre ou chienne ou femme, une femelle
À qui l'on a volé, malgré rage et douleur,
Son petit! et qui crie « À mort! » sur le voleur!
Ah! tu frémis de voir Catherine indignée!
Qui l'aurait pu penser de moi, la résignée!...
Eh bien, je me révolte et je maudis! En effet!
Qu'on exile à jamais l'Empereur! C'est bien fait!
Et que son abandon commence et qu'il s'accroisse!
Jamais son désespoir ne paiera notre angoisse,
Ni son remords le mal que nous avons connu!...

Scène V

LES MÈRES, LA MAUTOURNÉE, (accourant hors d'haleine, arcolée de Jose, pleurant et riant à la fois.)

MAUTOURNÉE, criant dès le seuil.
Catherine!... Mon gas, mon Fritz est revenu!

ANNETTE
Votre gas!

MAUTOURNÉE
Ce matin! Au jour!

ANNETTE
Vierge Marie!

MAUTOURNÉE, à Catherine qui reste figée, sans un mot.
Regardons-moi! Tu me crois folle, je parie!
Point! Fritz est revenu, solide et guilleret,
Sain et sauf! Je le savais bien, qu'il reviendrait!
On m'écrivait: « Ton gas est mort de sa blessure »
Mais je n'y croyais pas! J'attendais! J'étais sûre!
« Il reviendra, pensais-je, à son heure, à son tour! »
Et ce matin, voisine, à la pointe du jour,
J'étais dans ma cabane,... oui, tu sais bien! derrière
La forêt!... Crac! j'entends qu'on poussait la barrière!
Quelqu'un bondit, m'embrasse ici, sous mon bonnet,
Je jette un cri! C'était mon gas qui me tenait!

CATHERINE, défaillante.
Mon Dieu!

MAUTOURNÉE.
Ses deux grands bras me serraient à l'attache
Contre son cœur! Si tu verras cette moustache!
Et j'embrassais sa joue et son menton piquants!
Une barbe! l'ardi, pensez! depuis cinq ans!
Je l'avais déjà vu tout pareil dans mes rêves!...

CATHERINE
Alors?

MAUTOURNÉE.
Je mets la soupe au feu, du pain, des fèves,
Et je lui fais: « Raconte »! Et lui me fait: « Plus tard!
» J'avons le temps! » Je lui sers sa soupe, avec du lard,
Il tremblait en portant la cuiller à sa bouche!
Après souper: « Je suis » fin « las! » Bon! Je le couche
Dans mon lit! Je l'embrasse, en tirant les rideaux,
Puis je m'en viens conter la nouvelle aux badauds,
— Dame, un pareil retour a de quoi vous surprendre! —
Et j'ai couru, du même coup, pour te l'apprendre!

ANNETTE
Vous ne maudissez plus l'Empereur, à présent!

MAUTOURNÉE
L'Empereur!
Elle réfléchit.
C'est si bon, si doux, si bienfaisant
D'avoir au fond du cœur son bonheur qui frissonne!
L'Empereur!... Ma foi, non, je ne maudis personne
Et mon âme soudain croule et s'ensevelit
À voir mon pauvre gas couché dans mon grand lit!

CATHERINE, sanglotant.
Assez!

MAUTOURNÉE
    C'est vrai! J'ai tort, ma pauvre Catherine,
Mais le bonheur me fait éclater la poitrine!
Je ne suis pourtant pas méchante! On me connaît!
    S'approchant d'elle.
Va, sois tranquille! Il va revenir, ton Janet!

CATHERINE
Non, Mautournée!

MAUTOURNÉE
        Un soir, il poussera la porte
Pour t'embrasser!

CATHERINE
        Tais-toi! Je voudrais être morte!

MAUTOURNÉE
Mais puisque je te dis, femme, qu'on en revient!
Tu reverras ton fils! J'ai bien revu le mien!

CATHERINE
Un miracle!

MAUTOURNÉE
        Un miracle! Oh! sûr, ma merveille!
Mais, pardon! Je m'en vais! J'ai peur qu'il ne s'éveille!
Il a besoin de moi, pardi, pour se lever;
Ce pauvre fieu!... C'est bon d'aller le retrouver!
    Elle sort.

Scène VI

CATHERINE, ANNETTE, puis CLAUDIN

CATHERINE
Ferme la porte! Ah! Dieu! je ne veux plus l'entendre!
Comment, durant cinq ans, a-t-elle pu l'attendre!
Comment s'est-il sauvé du froid et du canon,
Son fieu!

ANNETTE
        Vous voyez bien! Tout est possible!

CATHERINE
                Non!

ANNETTE
N'aurait-elle pas?...

CATHERINE
        Tu crois à son histoire!
Mais, ma pauvre petite...

ANNETTE
        Oui, j'y crois, j'y veux croire!

CATHERINE
Jeunesse!

ANNETTE
        Ils reviendront!... Je les ai tant guettés!
Que...
    Elle s'arrête brusquement, puis l'oreille... se met à
    trembler. Son trouble gagne peu à peu Catherine et ce
    qui suit est joué avec une émotion grandissante jus-
    qu'à l'entrée de Claudin.
Catherine! Entendez-vous pas?
    Catherine relève la tête.
                Écoutez!

CATHERINE
Quoi?

ANNETTE
Sur la route! Un pas qui se rapproche!

CATHERINE
                Folle!

ANNETTE, avec un cri étouffé.
Ah!

CATHERINE
Ce sont les enfants qui sortent de l'école!

ANNETTE
Oh! non! non! Ce n'est point la façon des enfants!

CATHERINE
C'est sans doute le père Hermann!... Je te défends
De courir!

ANNETTE
Ce n'est pas le père Hermann!

CATHERINE
                Peut-être

La Lisbeth!

ANNETTE
        C'est un pas... que je crois reconnaître!

CATHERINE
Non!

ANNETTE
Catherine! Il entre!

CATHERINE
        Oh! Dieu!

ANNETTE
                Par le jardin!

CATHERINE
Ouvre, en ce cas! Va donc ouvrir!
    Elle se précipite et tombe dans les bras de son frère qui
    entre.

CLAUDIN
                Salut!

ANNETTE
                Claudin!

CLAUDIN
Annette!
    Il l'embrasse.
        CATHERINE, pendant qu'il l'embrasse aussi.
    Et Janet? Mort!

CLAUDIN
                Non! Vivant!... Je vous jure!
Il va venir!

CATHERINE
        Vivant! Vivant! La chose est sûre!
Tu ne mens pas, mon bon Claudin?

CLAUDIN
                Non, sur ma foi.
Il vit!

CATHERINE
        Alors, pourquoi n'est-il pas avec toi?

CLAUDIN
Je suis venu vous prévenir! Je vous affirme
Qu'il est guéri!... Pourtant!...

CATHERINE
                Blessé? Mourant!...

CLAUDIN
                        ...Infirme!

Les deux bras coupés!...

CATHERINE
        Les deux bras!
                Appelant.
                Janet!
                        À Claudin.
                        Va-t'en,
Que je passe! Je vais le chercher!

CLAUDIN
                Un instant!
Il est là, Catherine! Il n'attend, pour paraître,
Qu'un signe que je lui ferai, de la fenêtre...

CATHERINE
Mais qu'il vienne! Il est là!

CLAUDIN
                Dans un coin du jardin!

CATHERINE
Oh! laissez-moi faire ce signe, dis, Claudin?
    Elle se traîne jusqu'à la fenêtre, agite le bras, puis se
    retourne, éperdue et souriante.

Je le vois! Je le tois!

      Se jette en avant, en pleurant.

      Oh! Dieu, quelle misère!

*Entre Janet, debout, voûté, méconnaissable. Les manches
de sa capote sont vides... plus de bras. Seuls, les
yeux flambent... Il reste,
timide, embarrassé.*

O mon Dieu! Mon garçon! Mon petit gas!...

Scène VII

LES MÊMES, JANET

JANET, *souriant, à voix basse.*

      Ma mère!

ANNETTE

Janet!

JANET

    Bonjour, Annette!

      Elle l'embrasse.

CATHERINE

      Il est là! Je le vois!...

Mais regarde-moi donc!

JANET

      Et Francine! Et François!

CATHERINE, *très vite.*

Ton frère est au travail et Francine, à la ville,
Ils ne tarderont pas! Sois tranquille!

JANET

      Oh! tranquille,

Je le suis!

CATHERINE

   Assieds-toi!

    À Annette.

      Souffle sur le tison,

Annette!...

JANET, *après, après un temps.*

     Le dressoir! La table! La maison
Toute pareille! si luisante et bien rangée!
Rien n'a changé!... Vous n'êtes pas non plus changés,
Ma mère!

CATHERINE

   Oh! non!

JANET

     Venez donc là! Tout près! Plus près!

    Elle s'approche.
Je vous l'avais bien dit que je vous reviendrais!
Et Claudin s'en revient aussi, tu vois, Annette!
Ne pleure pas! Lève les yeux sous ta cornette!...
N'est-ce pas que la guerre est un fameux métier,
Du moment qu'on s'en sauve au jour!... Pas tout entier!
Dam! J'osais pas entrer, voyez-vous! J'avais honte
De revenir infirme!

CATHERINE

   Oh!... Mais dis-nous...

JANET

      Raconte,

Toi, Claudin!

CLAUDIN

    Ce fut donc à la Bérésina,
Vers le soir, au moment où le canon tonna
Pour la dernière fois. Un gas —— Bien le protège! ——
Gisait blessé, saignant, en plein feu, sur la neige,
Janet dit, en posant son sac et son fusil,
— « Je le ramène! » Et la cantinière: « Vas-y! »
Janet se glisse, arrive au blessé, vous le charge
Sur son dos, puis, tout en rampant, il prend du large!
Bon! Comme il remontait le talus, vers l'abri,
Brrroum! Un boulet! Le gas était mort, sans un cri,...
Et Janet...

   Il désigne Janet.

JANET

   Voilà tout!

CLAUDIN

      Le reste, un mauvais rêve!
Faits prisonniers, la nuit!

JANET

      Quand le matin se lève,

L'ambulance!

CLAUDIN

     Il criait, comme un enfant perdu,
« Maman! Maman! Maman! »

CATHERINE, *pleurant.*

      Je l'ai bien entendu!

CLAUDIN

Puis l'exil, la prison! Toujours cette Russie
Qui nous mordit! La carcasse a beau s'être endurcie,
On a souvent pâti!

JANET

     Plus souvent qu'à son tour!

CLAUDIN

Enfin la liberté, l'espace!

JANET

     Et le retour!

CLAUDIN

Marcher, durant cinq mois, de village en village,
Sans comprendre le cœur des gens ni leur jargon,
Ignorant le pain tendre et le vin des celliers,
Grignotant de faim, les pieds meurtris dans les souliers,
Les os perçant la peau, fringalés et livides!
..Quelquefois mon Janet, fixant ses manches vides,
Me disait: « À quoi bon pâtir?... Mieux vaut crever! »

JANET

Aussitôt, mon Claudin venait me relever
Et me criait: « Debout! Marche! Prends tu racine?
« On nous attend! L'Aguette, et ta mère, et Francine! »

CLAUDIN

Et tu te remettais en route sans gronder!...

JANET

Mais Francine, à propos...

CATHERINE, *vivement.*

      Elle ne peut tarder!
D'autant mieux qu'on a dû répandre la nouvelle
Et que, dans un instant...

ANNETTE

      Je vais au-devant d'elle;

Voulez-vous, Catherine?

CATHERINE

     Oui, cours vite!

  Annette embrasse son frère et sort en courant.

Scène VIII

JANET, CATHERINE, CLAUDIN, puis FRANCINE,
ANNETTE

CLAUDIN

      Et François?

CATHERINE, *embarrassée.*

François est en montagne... Il rentre tard, des fois...
Mais je l'attends! Oui... C'est de bonheur que je pleure...
Ah! vous allez manger et boire!

JANET

     Tout à l'heure!

CATHERINE

As-tu bien chaud, du moins...

JANET, *avec béatitude.*

     J'ai chaud. Je suis content.
Ah! le pays, Je ne croyais pas l'aimer tant!
Comme il nous a manqué! Comme il nous faisait faute!

À sa mère.
Tenez, au coin du bois, vers le bas de la côte,
J'aurais bien embrassé les arbres!

CATHERINE
Mon petit!

JANET
Ah! le retour, après qu'on fut longtemps parti!
Je la reconnaissais, ma campagne, à mesure,
Peu à peu!... Je voyais ce champ, cette masure,
Le hêtre, au haut duquel je montais dénicher
Des merles! Et soudain, en voyant le clocher,
Avec son coq, dans le soleil, dressant la crête,
J'ai couru, j'ai couru vers toi, comme une bête,
Et Claudin se hâtait à son tour attendrir...
Et les petits enfants nous regardaient courir!

CLAUDIN
Depuis Moscou, nous n'avions pas trotté si vite!

JANET
La Lisa, qu'en partant je laissais si petite,
Qu'elle a grandi! Je l'ai reconnue! En de joie!
Mais elle, en arrivant, ne me connaissait point
Et semblait dire, avec sa voix accentuée:
— « Quel est donc celui-là qui revient de l'armée
» En courant et qui peut tout juste se tenir?... »
C'est égal! J'ai bien fait, bien fait de revenir!

CLAUDIN
C'est l'odeur de chez nous qui nous prend à la gorge,
Qui nous serre!...

JANET
Ouvre-moi les portes de mon forge!
Je veux la voir, Claudin!
Claudin ouvre. Janet contemple longuement sa forge.
Ah! c'est rude à penser!
Mon marteau, je ne pourrai plus le balancer,
Lui que je soulevais jadis comme une plume!

CATHERINE
Mon fils, tu te fais mal!

JANET
Frappe un coup sur l'enclume,
Claudin! Prends le marteau!
Claudin obéit. Le marteau résonne. François entre, suivi d'Annette. Elle s'arrête, tout plus.
Plus fort, à ma façon!
Le marteau frappe plus fort et à coups réguliers.
Ça me chauffe le cœur d'entendre sa chanson!
Il se retourne et aperçoit François.

FRANCINE
Janet!

JANET, fait deux pas vers elle, involontairement.
Ah! toi!...
Il s'arrête, comme traumatisé et regarde ses manches vides.
Tu vois!... Embrasse-moi quand même,
Veux-tu?
Elle l'embrasse.
Pourras-tu bien m'aimer encor?

FRANCINE, très bas
Je t'aime!

JANET
Francine!... Je t'entends parler!... Si tu savais!
Pendant la guerre entière, au long des jours mauvais,
Au long des nuits, foulant la neige ensanglantée,
Je n'ai pensé qu'à toi! Tu ne m'as pas quitté!
A l'ambulance, alors qu'on me coupait les bras,
Je te croyais venir! Je t'appelais tout bas!
J'étais fou! Je voulais me lever pour te suivre!
A l'étape, en prison, c'est toi qui m'as fait vivre!
J'écoutais mon cœur battre en songeant: « Elle est là!
» Si je la revoyais un jour!... » Et te voilà!

ANNETTE, bas à Catherine.
J'entends François.

JANET
...Je te retrouve, aussi jolie,
Plus encor! Le chagrin t'a, je pense, embellie!
Regarde-moi, de tes yeux francs, comme autrefois
Ma Francine!...
François est entré. Il voit Janet, pousse un cri, puis recule comme devant un spectre effrayant.

Scène IX

LES MÊMES, FRANÇOIS

FRANÇOIS
Janet! Janet!

JANET
Salut, François!
Un silence. De se regardant, François s'aperçoit que son frère a les bras coupés. Il reste au cri de pitié. Puis Janet, souriant avec tristesse:
...Je ne peux plus t'ouvrir les bras!
FRANÇOIS, au moment où il va embrasser son frère, se recule.
Mon pauvre frère!

JANET
Va, je ne t'en veux pas! Je te plains, au contraire!
A voix basse.
Comment pourrais-tu donc, blêchette méprisé,
Un fagot et honteux sans en être écrasé?...
Bref, j'ai payé pour deux! Cela compte, il me semble!
Haut.
N'en parlons plus!... Puisque nous voilà tous ensemble,
Puisque notre bonheur s'est réveillé soudain,
Nous allons célébrer notre retour, Claudin!
Allons, mère! J'ai soif!... Toi, remplis chaque verre,
A Francine.
Comme au jour du départ! Cette heure est moins sévère
Que l'autre...
Catherine apporte la cruche de vin. François remplit les verres.
À vos santés!... Dieu conserve vos bras!
...Fais-moi boire, Francine.
Francine s'apprête à le faire boire. Au moment où le verre va toucher ses lèvres, elle le jette à terre.

FRANCINE
Ah! non! Je ne peux pas!
Je ne veux plus mentir! Je n'en suis plus capable!
S'écroulant à genoux.
Pardon!

JANET
Qu'as-tu?

CATHERINE
Janet!

FRANÇOIS
C'est moi le seul coupable!
C'est moi qui lâchement t'ai trahi! Je me rends!
N'accuse que moi seul, mon frère!

JANET, après un silence terrible.
Ah! je comprends!
A Francine.
Tu peux te relever! Debout!... Je t'autorise!...
Elle se relève.
Ah! je comprends!
Se jette vers François, avec rage.
Ainsi malheureux, tu l'as prise...
Oh! tu l'as prise!...

FRANÇOIS
Oui!... Frappe!...

JANET
Hein! Frapper, moi! Tu ris!
Frapper! Avec quoi donc! Mes poings! Ils sont pourris!
Sois tranquille! Je ne suis plus, sous ma défroque
De soldat, qu'un chiffon, qu'un bambeau, qu'une loque,

Un pantin que tu viens de tout à fait casser!
Va! Tu peux la saisir, l'étreindre, l'embrasser
A mon nez! Ce sera mon lot, ma récompense,
De vous voir!... Il l'a prise!...

À Francine.
                        Et toi!... Toi!... Quand je pense,
Oh! quand je pense à mon espoir, à tes serments!

FRANCINE

Écoute?

JANET
        Pas un mot! Tu vas mentir! Tu mens!
Tes pleurs sont faux, comme il était faux, ton sourire!
Tu mens, enfin?...

FRANÇOIS
        Janet!

JANET
                J'ai le droit de tout dire!
Je suis l'aîné! Je suis chez moi! dans ma maison!

CATHERINE

Janet!

JANET, *après les avoir tous regardés.*
        Mais non! J'ai tort! Et vous avez raison
Tous les deux! Oui, raison! Je le dis à voix haute!
Si le mal nous écrase aujourd'hui, c'est ma faute!
À sa mère qui le supplie.
Laisse... Pourquoi m'as-tu ramené, dis, Claudie?
Vois! le soleil d'automne est clair sur le jardin;
Je n'avais jamais vu tant de fleurs! l'air embaume!
Ils allaient être heureux! tu leur rends un fantôme!
Tous deux me croyaient mort! Je crois j'avoir été
Moi-même!... Et me voilà, vivant, ressuscité!
..Et j'osais demander si tu m'aimais encore,
Francine! Ah! triple fou, triple fou qui t'adore!...

Moi, laid, piteux, infirme, échappé du tombeau,
Devant François et fort, si solide, si beau!...
Tu ne sais donc rien voir, pauvre aveugle imbécile!
Pourquoi t'en revenais-tu? N'était-il pas facile
De crever loin d'ici, malade et prisonnier?
Ne pouvais-tu choisir quelque part un charnier?
Non!... Tu voulais revoir ton onie! Joli voyage,
Mon garçon!... Tu pensais encore au mariage;
Une femme! des petits gas!... Quelle pitié!
Comment les pourrais-tu nourrir, estropié!...
Adieu, vous tous! J'avais fait un rêve! N'importe!
À François qui est devant lui.
..Va-t'en, Françoise!... Laisse, Claudie! Ouvre la porte!
Ouvre vite!
        Claudie ne bouge pas.
                Je devrais être loin d'ici!
..Tu ne veux pas, Claudie?
                À Annette.
                        Ni toi! Personne!...

CATHERINE
                                        Si!...
Je n'imaginais pas une douleur pareille,
Mais je t'obéirai jusqu'au bout!...
                        Elle ouvre la porte.
                                Je suis vieille...
Regardons-nous encor, Janet! Rien qu'un moment!
Je ne te verrai plus!
        Il va pour sortir. Elle lui tend les bras suppliante
                        Reste! Reste!
        *Il fait deux pas au dehors, puis s'arrête. Et soudain, il
        revient, à reculons, fils du devoir qu'il s'efforce de ne
        pas singloter.*

        JANET, *se laissant aller dans les bras de Catherine.*
                        Maman!

RIDEAU

Janet : — Maman!

LE PEINTRE EXIGEANT

COMÉDIE EN UN ACTE

par

TRISTAN BERNARD

Représenté pour la première fois, le 21 février 1919, à la Comédie-Française.

Mᵐᵉ Kolb.   M. Berr.   Mᵐᵉ Lifraud.   M. Tristan Bernard.   M. Claretie.

L'AUTEUR, L'ADMINISTRATEUR DE LA COMÉDIE-FRANÇAISE ET TROIS DES INTERPRÈTES
DU « PEINTRE EXIGEANT », PENDANT UNE RÉPÉTITION

PERSONNAGES

Hippolyte...................	MM. GEORGES BERR	Mᵐᵉ Genest...................	Mᵐᵉˢ THÉRÈSE KOLB
M. Genest...................	SIBLOT	Lucie...................	LIFRAUD
Henri...................	GRANDVAL	La Bonne...................	DUSSANE
Tourillon...................	LAFON	La Cuisinière...................	LHERBAY
Un Ouvrier...................	HAMEL		

La scène se passe de nos jours

Mmes Gervais, Henri, Lucie.   M. Gérald.   La bonne, Hutzuplatz.   Brevier.

Hutzuplatz : — « Hé! ce mouvement de bras! Tout le labeur de la cure est là dedans! »

LE PEINTRE EXIGEANT

La scène se passe dans une riche maison bourgeoise, dans le quartier de Passy. Une baie, à gauche, en pan coupé, et une glace sans tain donnant sur le jardin. Une porte à deux battants, en pan coupé, à droite. Une porte au premier plan, à gauche. Sur un panneau de droite, premier plan, un pan de tenture peur, d'une couleur différente des autres panneaux. Au fond, à gauche de la glace sans tain, une sorte de coffre-fort de salon. Sur les deux panneaux, de chaque côté de la glace, des tableaux, qui peuvent dissimuler des rideaux de soie verte, comme dans certains musées. Le tableau de gauche est retourné. Le tableau de droite ne l'est qu'à demi. Mme Gomois est assise sur un canapé, à gauche. M. Gomois et M. Tourillon sont assis à la table du milieu, en train de jouer des cartes. M. Tourillon est en costume d'automobiliste, coiffé d'une casquette, avec ses lunettes relevées sur son front. Mme Gomois est dans une tenue de ville très habillée. M. Gomois est en redingote, avec une fleur à la boutonnière.

Scène première

GOMOIS, Mme GOMOIS, TOURILLON

TOURILLON. — Eh bien alors, voyons, quoi? Qu'est-ce que ça signifie? Ou bien ma figure vous dégoûte... (Mme Gomois proteste) ou bien vous avez peur... Il n'y a pas à sortir de là!

GOMOIS. — Non, mon ami, non! ce n'est pas ça... Mais je ne peux pas te dire... (A Mme Gomois.) Est-ce qu'on peut lui dire?

Mme GOMOIS. — Je ne sais pas.

GOMOIS. — Je ne peux pas te dire...

TOURILLON. — Si vous ne pouvez pas le dire, gardez-le pour vous.

GOMOIS. — Il est vexé, maintenant!

TOURILLON. — Je ne suis pas vexé, chacun a ses secrets... (Un temps.) Vous me les diriez qu'ils seraient bien gardés; mais, enfin, du moment que vous ne pouvez pas!

Mme GOMOIS. — Vous êtes vexé, monsieur Tourillon...

TOURILLON. — Est-ce que j'ai l'air d'un homme vexé?

GOMOIS. — Oui. (A Mme Gomois.) Nous pourrions peut-être tout de même...

TOURILLON. — Mais gardez donc ça pour vous! Est-ce que je vous demande quelque chose?

GOMOIS. — Nous allons te le dire.

TOURILLON. — Je ne veux rien savoir. J'aime mieux que vous ne me confiez rien du tout. Pensez donc! tu ne me connais que depuis trente-cinq ans, ce n'est pas suffisant comme intimité.

GOMOIS. — Écoute. Voilà ce dont il s'agit: tu sais, il faut que ça soit toi...

Mme GOMOIS. — Il faut que ce soit vous!

GOMOIS, à Mme Gomois. — Je lâche le paquet?

Mme GOMOIS. — Vas-y!

GOMOIS. — Eh bien, nous faisons faire notre portrait!

TOURBILLON, *le regardant avec stupeur.* — C'est ça le secret dont vous m'honorez? Je vous remercie! Une preuve de confiance que je n'oublierai jamais.

GOMOIS. — Tu ne te rends pas compte de ce que c'est... Je vois que tu ne te rends pas compte.

Mme GOMOIS. — Il ne se rend pas compte.

GOMOIS. — Il ne sait pas à quel peintre nous avons affaire!

Mme GOMOIS. — Un homme de génie.

GOMOIS. — On l'a dit de bien des peintres, qu'ils avaient du génie... ce n'est pas vrai, ce n'est jamais vrai... Ça n'est vrai que pour celui-là.

TOURBILLON. — Et comment s'appelle-t-il?

GOMOIS. — Tu ne connais pas son nom.

Mme GOMOIS. — Vous ne connaissez pas son nom.

GOMOIS. — En dehors de quelques privilégiés, personne ne connaît son nom.

Mme GOMOIS, *s'élevant de la voix.* — Mais c'est un peintre de génie.

GOMOIS. — C'est le seul peintre de notre époque.

TOURBILLON. — Le seul peintre de notre époque! Mâtin! Qui est-ce qui a dit cela?

GOMOIS. — C'est moi qui le dis.

TOURBILLON. — Toi?... C'est admirable! D'où t'est venue cette compétence subite?... Enfin, quoi! Il y a deux mois tu ne t'occupais pas de peinture...

GOMOIS, *à Mme Gomois, souriant ironiquement.* — Il y a deux mois je ne m'occupais pas de peinture!

Mme GOMOIS, *sous ...* — Oui!

GOMOIS. — Quand il a dit ça, il a tout dit. Parce qu'il y a deux mois je ne m'occupais pas de peinture, je ne suis pas capable de juger aujourd'hui... On voit que tu n'es pas au courant des choses!

Mme GOMOIS. — On voit que vous ne connaissez pas notre ami!

GOMOIS. — Mais, si tu le connaissais seulement pendant deux jours, tu aurais plus de compétence en peinture que n'importe qui... Et, à côté de ça, tu verras des professeurs soi-disant remarquables, des membres de l'Institut, qui font de la peinture depuis l'âge de douze ans, qui se figurent qu'ils s'y connaissent...

Mme GOMOIS, *avec autorité.* — Et qui n'y connaissent rien du tout!

GOMOIS. — L'important, c'est d'avoir la chance de tomber sur un homme qui s'y connaît vraiment; alors, du moment qu'on a rencontré cet homme-là, il n'a qu'à vous dire ce qu'il faut savoir.

Mme GOMOIS. — C'est ce qui est arrivé avec M. Holzepfotz.

TOURBILLON. — Hoff... plaît...!

GOMOIS. — C'est le nom de notre peintre.

TOURBILLON. — De quel pays est-il?

GOMOIS. — Il a un nom étrange, mais il est Français. En tout cas, il a l'œil français. Il nous l'a bien expliqué.

TOURBILLON. — Et vos portraits, où en sont-ils? Est-ce qu'ils sont avancés?...

GOMOIS, *regardant Mme Gomois.* — Ah! c'est ça! C'est bien ça... Il demande si nos portraits sont avancés!...

Mme GOMOIS. — Il se figure que ça se fait tout seul!

GOMOIS. — Que ça se crée tout seul! *(Parlant aussi à Mme Gomois.)* Ma bonne amie, je t'en prie! *(à Tourbillon.)* Tu vas voir ce qu'il a fait en une seule séance. *(Elle va prendre sur un guéridon au fond un tableau représentant un vague paysage.)* ...Parce qu'il faut te dire, il travaille ici depuis hier.

Mme GOMOIS. — Avant, nous allions tous les jours à son atelier.

GOMOIS. — Seulement il a voulu nous avoir dans notre atmosphère.

TOURBILLON. — Ah!

Mme GOMOIS. — Dans notre ambiance.

TOURBILLON. — Ah!

GOMOIS. — Regarde.

(Mme Gomois présente le tableau.)

TOURBILLON. — Ça n'est pas un portrait...

GOMOIS. — Naturellement ce n'est pas un portrait.

TOURBILLON. — C'est plutôt un paysage.

GOMOIS. — Oui, c'est ce qu'on appelle chez les gens « un paysage »...

Mme GOMOIS. — Chez les gens!

GOMOIS. — Ma bonne amie, je t'en prie! *(Il lui fait signe de remporter le tableau. À Tourbillon:)* Tu ne sais pas ce que c'est que la peinture.

TOURBILLON. — Mais, à votre portrait, il n'a pas travaillé du tout?

GOMOIS. — Il n'a fait que ça... Il n'a rien mis sur la toile encore, mais il n'a fait qu'y travailler depuis trois semaines... Décidément, tu es avec les vieilles idées! Tu te figures qu'un peintre va venir chez vous, qu'il va se mettre en face de sa toile, prendre ses pinceaux, et allez donc!... Oh! je sais qu'il y a des peintres de ce numéro-là! Mais, ce n'est pas des peintres! Lui ne fera notre portrait que quand ça viendra... Et ça va venir, ça va venir! Hier, en nous quittant, il nous a dit: « Je vous tiens! »

Mme GOMOIS. — Il nous tient!

GOMOIS. — Seulement, en attendant qu'il nous tienne, il a fallu qu'il nous cherche!

Mme GOMOIS. — Oui! Oui! Que de fois nous a-t-il répété: « Taisez-vous! taisez-vous! Je vous cherche! »

TOURBILLON, *après les avoir examinés avec inquiétude, se levant brusquement.* — Qu'est-ce que j'ai donc fait de ma casquette?

GOMOIS. — Il cherche aussi notre fille Lucie.

TOURBILLON. — Ah! Ah!

GOMOIS. — Pourquoi: Ah! Ah!

Mme GOMOIS. — Oui, pourquoi: Ah! Ah!

TOURBILLON. — Pour rien!... Il lui fait peut-être la cour en la cherchant?

GOMOIS. — Oh! Il n'y a pas de danger! Je voudrais bien!

Mme GOMOIS. — Nous voudrions bien!

TOURBILLON. — Comment... vous voudriez bien?

GOMOIS. — Je le désirerais vivement, parce que d'abord, si Lucie pensait à Holzepfotz, au moins elle ne penserait pas à son cousin, le petit Henri...

TOURBILLON. — Oui, oui, je le connais, celui qui est à la banque Durin.

GOMOIS. — C'est ça... Lucie en est malheureusement toquée. Or, ni moi ni ma femme nous ne voulons que ça se fasse...

Mme GOMOIS. — Ni moi ni ma femme.

TOURBILLON. — Mais pourquoi ça? Henri est un gentil garçon...

GOMOIS. — Oui, oui, mais il n'a aucune position. Il est employé à la banque Durin, ce n'est pas une position, ce n'est pas sérieux... S'il était associé, ou même intéressé... Mais ça ne sera pas de sitôt! C'est qu'elle va avoir vingt ans, la petite, et nous ne voulons pas attendre qu'elle ait trente-cinq ans pour la marier.

Mme GOMOIS. — Certainement non!

TOURILLON. — Enfin ce sont vos affaires... Alors, décidément, je ne vous emmène pas?

GOMOIS. — Non, tu vois!

TOURILLON. — Bon! Bon! Qui est-ce que je pourrais bien emmener?

GOMOIS. — Tu venais nous chercher parce que tu ne savais pas qui emmener?

TOURILLON. — Mais si! Mais si! Je savais bien que j'aurais voulu vous emmener, vous... ça m'amusait; mais, en dehors de vous, je ne vois pas... Enfin! Ce sera pour une autre fois...

Mme GOMOIS. — Au revoir!

GOMOIS. — Au revoir!

TOURILLON, en s'en allant. — Oh! mais qu'est-ce que ça veut dire? Vous avez changé la tenture de votre salon?

GOMOIS. — Oui, nous avons mis un pan d'étoffe neuve sur ce panneau.

Mme GOMOIS. — Et il est probable que nous allons tendre le reste comme ça.

TOURILLON. — Je ne suis pas fou de cette étoffe.

GOMOIS. — C'est Hotzeplotz qui l'a choisie... Ainsi!

TOURILLON. — Ah! si c'est Hotzeplotz...

GOMOIS. — Il en avait besoin comme fond. Comme il n'y avait pas assez d'étoffe de cette couleur en magasin, il a fallu en mettre d'autre en fabrication. J'ai toujours pris ce qu'il en fallait pour tendre ce panneau... C'est une étoffe qui revient à trente-cinq francs le mètre...

TOURILLON. — Trente-cinq francs le mètre!... Enfin, c'est peut-être moi qui me trompe. Elle est peut-être bien cette étoffe, après tout!... Au revoir!

GOMOIS. — Au revoir!

Mme GOMOIS. — A une autre fois!

Tourillon sort, en se croisant avec la bonne qui tient ses casseroles à la main.

Scène II

GOMOIS, Mme GOMOIS, LA BONNE

GOMOIS, à la bonne. — Qu'est-ce que c'est que cette casserole?

LA BONNE. — C'est de la cendre.

GOMOIS. — De la cendre? Mais qu'est-ce que vous voulez faire ici avec ça?

LA BONNE. — C'est pour jeter sur cette tenture.

Mme GOMOIS. — Vous êtes folle?

LA BONNE. — C'est M. Hotzeplotz qui m'a dit hier de jeter de la cendre sur la tenture, parce qu'elle est trop neuve. Il tient à ce qu'elle soit sale, pour son fond, qu'il a dit...

Mme GOMOIS. — Oh! mais, dites donc, c'est ennuyeux ça! qu'il nous abîme cette tenture... ça ne se nettoiera pas, et nous serons obligés, pour que ça ne fasse pas tache, de mettre de la tenture sale sur les autres panneaux.

GOMOIS, à la bonne. — Posez cette casserole; nous verrons ce que dira M. Hotzeplotz.

La bonne sort.

Scène III

Mme GOMOIS, GOMOIS

Mme GOMOIS. — Je vais tout de même demander à M. Hotzeplotz, avant d'abîmer cette étoffe, si c'est absolument nécessaire.

GOMOIS. — Oui, mais il ne va pas être content...

Mme GOMOIS, inquiète. — Tu crois? Enfin, que veux-tu? On mettra ça sur le compte de la bonne, on dira qu'elle n'y a pas pensé et on donnera quelque chose à la bonne pour qu'elle ne nous démente pas. (On sonne.) C'est lui!

GOMOIS. — C'est lui!

Mme GOMOIS. — Qu'est-ce qu'il va nous faire aujourd'hui?

GOMOIS. — Je n'en sais rien. Ne te mêle pas de ça... Il va entrer... Tu feras attention à ne pas lui dire bonjour... La dernière fois, tu lui as dit bonjour pendant qu'il suivait son image et il nous a dit que ça lui avait fait perdre son image... Alors, cette fois, ne lui dis rien et attends qu'il dise bonjour... Oh! diable! qu'il ne vole pas ça!

Il recouvre précipitamment le tableau à contre-décrochez.

Mme GOMOIS. — Oh! non! qu'il ne vole pas ça!

GOMOIS. — Il était temps!...

Entre Hotzeplotz.

Scène IV

LES MÊMES, HOTZEPLOTZ

Hotzeplotz passe sans rien dire devant M. Gomois et Mme Gomois. Il fait simplement un signe avec la main, par dessus son épaule. Puis il tire une clef de sa poche, va ouvrir le coffre-fort, et prend avec précaution deux toiles, une palette et des pinceaux. Il met le tout sur la table.

GOMOIS, bas, à Mme Gomois. — Tais-toi surtout! puisqu'il ne dit rien! Bon! Voilà qu'il s'arrête devant la tenture... Il faut tout de même que je lui explique... (A Hotzeplotz, timidement.) Monsieur Hotzeplotz, vous avez peut-être donné des ordres pour cette tenture?...

HOTZEPLOTZ, fâché. — Oui, j'avais donné des ordres.

GOMOIS. — ...Ça n'a pas été fait... Je vais vous dire...

HOTZEPLOTZ. — Ça n'a pas été fait... heureusement! J'ai une autre idée pour cette étoffe.

GOMOIS. — C'est une si belle étoffe.

HOTZEPLOTZ. — ...Je vais la lacérer, la soumettre à des acides et j'enverrai dedans quelques décharges de petit plomb. Après ça, nous aurons un fond admirable. (Joyeusement.) Admirable!...

GOMOIS, content, à Mme Gomois, à mi-voix. — Ah! il est de bonne humeur!

HOTZEPLOTZ. — Monsieur Gomois, je crois qu'aujourd'hui, je vais travailler... Vous entendez! Il va sortir quelque chose... Seulement, attention, n'est-ce pas?

GOMOIS. — Oh! monsieur Hotzeplotz, vous pouvez y compter, nous ferons attention!

HOTZEPLOTZ. — Taisez-vous! Je sais que vous ferez attention. (Il s'assoit.) Maintenant, je m'assois ici, et vous, vous allez marcher, vous entendez... vous allez peupler la chambre... Marchez jusqu'à ce que je vous dise d'arrêter... Quand je dirai: « Arrêtez! » vous arrêterez, mais exactement dans la position où vous serez quand vous entendrez mon cri... Vous m'avez bien entendu? Alors, marchez! (Ils marchent l'un derrière l'autre autour de Hotzeplotz.) Ça vous fatigue de marcher comme ça, madame Gomois?

Mme GOMOIS. — Oh! non, monsieur Hotzeplotz, ça ne me fatigue pas.

Hotzeplotz. — Tant pis! Une personne mûre qui se donne du mouvement, je n'aurais pas été fâché de voir une trace de lassitude sur votre visage... (Regardant Gomois.) Oh! qu'il est beau! Oh! qu'il est beau! Oh! qu'il est beau, ce Gomois! C'est le marchand... c'est le marchand!...

(Il se lève de son fauteuil, enlève la fleur qui fleurit pendant à la boutonnière, et revient s'asseoir.)

Gomois. — Ah! dame! J'ai été dans le commerce pendant trente ans.

Hotzeplotz, dans l'extase. — Oui, oui! C'est bien la férocité froide, la cupidité du marchand!... L'homme qui reste à son comptoir pendant des heures et qui ne s'ennuie pas parce qu'il ne pense qu'à gagner, qu'à râfler, qu'à enfouir, qui est scrupuleux dans ses affaires... (Faisant une moue.) Juste ce qu'il faut, mais pas plus... Oh! le beau modèle! (Regardant Mme Gomois, après un silence.) Ah! madame Gomois est admirable!

Mme Gomois. — Monsieur Hotzeplotz, vous êtes trop gentil!

Hotzeplotz, sur un ton galant. — Oh! Mme Gomois est admirable! C'est la figure traditionnelle de la ménagère active, regardante... Oh! Et surtout! surtout pas intelligente! Oh! non! non! pas de la taille, juste de l'affreuse intelligence... Non! Non! ce qu'il nous faut pour ce tableau, c'est la simplicité plantureuse... Vous ne savez pas à quel point je suis heureux de penser que vous n'êtes pas intelligente...

Mme Gomois, modestement. — On disait pourtant, quand j'étais en classe, que je l'étais.

Hotzeplotz. — Intelligente? Jamais de la vie! Mais en tout cas, vous ne l'êtes plus, heureusement!

Gomois, à Mme Gomois. — Remercie-le!

Mme Gomois. — Pourquoi? Est-ce que c'est du bien ou du mal?

Gomois, à voix basse. — Je n'en sais rien. Mais il vaut mieux lui dire merci...

Mme Gomois, à Hotzeplotz. — Je vous remercie, monsieur Hotzeplotz.

Hotzeplotz, ému. — De quoi? De quoi me remerciez-vous maintenant? D'être ce que vous êtes? Mais il ne faut pas vous en apercevoir, il faut que vous soyez ce que vous êtes, tranquillement, que vous n'en ayez pas conscience... (गémissant, et s'écradant sur le canapé.) Ah! mon Dieu! mon Dieu! et vous en avez conscience, tout est perdu! Si vous avez le malheur de perdre votre ingénuité, mais qu'est-ce que nous allons devenir?... (Brusquement.) Arrêtez!... Arrêtez tous les deux!... Bien! Mettez-vous à côté l'un de l'autre... Mais, nom de nom! laissez pendre vos bras et vos mains! que ce soit bien simple, bien béat... Oh! que c'est bien! Que c'est bien! Que c'est bien!... (Changeant de ton.) Allez-vous-en!

Mme Gomois. — Vous n'avez plus besoin de nous?

Hotzeplotz. — Non, non... ça va germer. Je sens que ça va mûrir. Aussitôt que j'aurai besoin de vous, je vous ferai chercher... Pour le moment, disparaissez... Je ne veux pas que vos images superposées embrouillent la première image que vous m'avez donnée. Faites-moi chercher votre fille...

Gomois, allant au fond. — Léontine, faites venir mademoiselle...

Hotzeplotz. — Je vais essayer de travailler un peu avec votre fille... Vos images à vous, ça se réalisera quand il faudra que ça se réalise... peut-être tout à l'heure, peut-être dans cinq ans... (Après avoir passé la main sur les yeux.) Monsieur Gomois, est-ce que vous tenez à votre barbe?

Gomois. — Si je tiens à ma barbe? Je l'ai toujours portée...

Hotzeplotz. — Ah! c'est une erreur... oui, c'est une erreur... Elle vous empâte, elle vous enlève toute expression... vous seriez cent mille fois mieux sans ces touffes-là...

Gomois. — Oh! vous savez, je ne suis pas coquet...

Hotzeplotz. — Qui vous parle de coquetterie? Je ne dis pas que vous serez plus beau, vous aurez un faciès plus intéressant, plus sorti, plus vivant...

Gomois. — J'irai demain chez mon coiffeur.

Hotzeplotz. — A-t-il le téléphone?

Gomois. — Oui, je crois.

Hotzeplotz. — Nous ne ferons rien de bon tant que vous aurez ce matelas de poils sur la figure... Peut-être travaillerai-je avec vous à la fin de l'après-midi... (Il regarde la fenêtre de droite.) quand ce jour sera modifié... Voilà une fenêtre abominablement placée.

Mme Gomois. — Elle s'ouvre en plein soleil.

Hotzeplotz. — Justement! On commence un tableau dans une bonne lumière... L'instant d'après, c'est aveuglant... à moins que ça ne devienne tout noir... Ah! si on pouvait changer cette fenêtre de place!

Mme Gomois. — On pourrait mettre des rideaux...

Hotzeplotz. — Ça n'est pas suffisant... Il faudrait murer, murer, murer... On ouvrirait une autre fenêtre sur cet autre pan de mur. (Sur un geste de Gomois.) Pas aujourd'hui. Nous étudierons cela... C'est comme cet arbre, devant cette baie...

Gomois. — Il a trois cents ans. Son feuillage magnifique couvre cent mètres carrés.

Hotzeplotz. — Nous verrons à déplanter ce végétal encombrant, et à b... t... dans un coin du jardin où il n'embêtera plus le monde.

La Bonne, entrant. — Mademoiselle est en train de reconduire sa maîtresse de piano. Elle arrive dans un instant.

Hotzeplotz. — Bon! Bon! Je vais travailler avec elle. Allez toujours, monsieur et madame Gomois...

Gomois, à Mme Gomois, en s'en allant. — Il est bien disposé aujourd'hui.

Scène V

HOTZEPLOTZ, LA BONNE, puis LUCIE

Hotzeplotz. — Elle va venir, mademoiselle?

La Bonne. — Oui, tout de suite.

Hotzeplotz. — Venez un peu, vous!... Regardez-moi! Soulevez un peu votre manche... Plus haut! (Il lui examine le bras.) Bien! Bien! Bien! C'est bien! Maintenant, ouvrez un peu votre col...

La Bonne, faisant un geste pudique. — Oh! monsieur, voyons!

Hotzeplotz. — A quoi pensez-vous, mal élevée?... Ouvrez votre col! (La bonne, impressionnée, ouvre son col. Hotzeplotz, la regardant avec attendrissement.) Un beau ton de chair... ça ferait une figure de Dryade dans le vert des arbres... (A la bonne.) Vous allez vous déshabiller complètement, et vous irez dans la serre...

La Bonne. — Oh! monsieur Hotzeplotz!

Hotzeplotz. — Quoi? Monsieur Hotzeplotz!

La Bonne. — On ne m'a jamais demandé ça...

Hotzeplotz, sévère. — Moi, je vous le demande. Allez, et déshabillez-vous, impudique!

La Bonne, en s'éloignant. — Qu'est-ce que c'est que cet homme-là!

HOTZEPLOTZ. — Allez!

LA BONNE. — Voilà mademoiselle. *(En sortant.)* Qu'est-ce que c'est que cet homme-là?

HOTZEPLOTZ, *à Lucie, qui entre par la gauche, premier plan.* — Bonjour, mademoiselle! *(Lucie a l'air désolé. Hotzeplotz, sans la regarder, en installant son chevalet et sa toile.)* Vous, je sais ce que vous êtes... Il n'y a plus rien à chercher... D'ailleurs, je n'ai pas cherché longtemps. La première fois que je vous ai vue, ça a été décidé presque tout de suite... Vous, c'est le sourire... C'est la clarté du sourire... La clarté et la netteté... C'est aussi le sourire un peu fragile, furtif... et pourtant définitif et éternel... Oh! oh! je vois ça parfaitement... C'est tout ce qu'il y a de plus simple et de plus absolu... *(Il se retourne et l'aperçoit.)* Mais, sapristi, mademoiselle, il faut que vous souriiez. Vous ne souriez pas...

LUCIE, *se forçant.* — Mais si, monsieur, je souris.

HOTZEPLOTZ. — Je vous dis que vous ne souriez pas... Tenez, mettez-vous sur cette chaise-là. Je vais me placer devant ma toile... vous sourirez... je peindrai et vous sourirez... Je parlerai, je dirai des choses... n'importe quoi... pour m'étourdir... pour arriver à peindre machinalement, pour faire disparaître de moi l'intention, l'affreuse intention, pour que ma peinture soit une émanation naturelle de moi-même, une œuvre rapide et spontanée de mon instinct. *(Il appuie tout à coup son pinceau sur la toile.)* Ah! voilà la place où vous sourirez! *(Il montre la toile blanche en laissant son pinceau appuyé dessus.)* C'est là que sera votre sourire. *(Il fait un petit signe au crayon.)* C'est déjà un point essentiel, je sais où il sera... Maintenant, ne vous occupez pas de moi. Ce matin, en venant ici... Souriez! Souriez!... j'ai pris ma route accoutumée, j'ai vu dans la rue un ouvrier qui tombait d'un toit et qui s'est écrasé sur le trottoir... Souriez!... Souriez! voyons!...

LUCIE. — Mais il n'y a pas de quoi sourire!

HOTZEPLOTZ. — Oh! si vous écoutez ce que je dis!... je vous dis que je parle pour que mon pinceau aille malgré moi, en dehors de moi... *(Lucie pousse un soupir. Hotzeplotz, se levant.)* Mais qu'est-ce que ça veut dire, maintenant? vous poussez des soupirs! Vous êtes triste! Vous allez vous mettre à être triste!

LUCIE. — Oh! monsieur Hotzeplotz, je ne peux pas sourire, en ce moment...

HOTZEPLOTZ. — Mais vous n'avez pas le droit de ne pas sourire!

LUCIE, *essaye à deux reprises de sourire, puis se jette en pleurant dans les bras d'Hotzeplotz.* — Non! Non! je ne peux pas, je ne peux pas sourire, monsieur Hotzeplotz, j'ai trop de chagrin!

HOTZEPLOTZ. — Mais pourquoi ça?

LUCIE. — Mais parce que mon père est mauvais pour moi.

HOTZEPLOTZ. — Votre père est mauvais pour vous?

LUCIE. — Voilà. Je vais tout vous dire. Je voudrais épouser mon cousin, et mon père ne veut pas que je l'épouse parce qu'il est trop jeune et qu'il n'a pas de position.

HOTZEPLOTZ. — Oh! mais, il faut mettre ordre à ça! Oh! nous allons faire dire à votre père de venir nous parler. *(Allant à la porte, et à la bonne qui passe.)* Voulez-vous, s'il vous plaît, dire à M. Gomois qu'il vienne ici immédiatement.

LUCIE. — Comment, monsieur! vous consentiriez à parler à mon père de ce que je vous ai dit?... Oh! si vous pouviez le fléchir, comme vous me rendriez heureuse!

HOTZEPLOTZ. — Je vais dire à votre père ce qu'il faut, ce que je dois lui dire... ce que mon devoir d'artiste me commande de lui dire.

LUCIE. — Oh! moi, monsieur, je m'en vais... Je ne peux pas rester.

HOTZEPLOTZ. — Nous reprendrons la séance dans une demi-heure. Il faut que cette affaire soit tranchée le plus tôt possible, car il est essentiel que vous souriiez... *(Lucie sourit.)* Comme ça, voyez, comme ça!...

Scène VI

GOMOIS, HOTZEPLOTZ

À l'entrée de Gomois, Hotzeplotz est assis, accablé, sur un fauteuil. Gomois est complètement rasé.

HOTZEPLOTZ, *le regardant avec stupeur.* — Qu'est-ce que c'est que ça?

GOMOIS, *souriant.* — Eh bien, monsieur Hotzeplotz, c'est moi!... Je me suis fait couper la barbe.

HOTZEPLOTZ. — Mauvaise idée. Ça va être long à repousser, cette histoire-là! Enfin!... Il ne s'agit pas de ça... ça, ça n'a pas d'importance... ça n'est rien auprès du tort énorme que vous me faites aujourd'hui...

GOMOIS. — Monsieur Hotzeplotz, je ne vous comprends pas.

HOTZEPLOTZ. — Vous avez une fille, monsieur Gomois?

GOMOIS. — Oui, monsieur Hotzeplotz.

HOTZEPLOTZ. — Vous avez une fille de dix-huit ans... J'aurais pu ne jamais la voir... J'aurais pu rencontrer des millions de personnes et pas elle... La Providence a donc voulu cette coïncidence miraculeuse. Elle a décidé que cette jeune fille se trouverait sur mon chemin.

GOMOIS. — Monsieur Hotzeplotz, est-ce que vous aimeriez ma fille?

HOTZEPLOTZ, *agacé.* — Mais non, monsieur Gomois, il n'est pas question de cela! Qui est-ce qui vous parle de cela? L'amour! L'amour! Mais qu'est-ce qu'ils ont donc tous à ne penser qu'à ça!... Ce qui s'est passé est beaucoup plus grave!

GOMOIS, *inquiet.* — Beaucoup plus grave?

HOTZEPLOTZ. — Le jour où j'ai rencontré cette jeune fille, elle souriait... Vous entendez, elle souriait... Monsieur Gomois, vous ne savez pas ce que c'est que le sourire de cette fille!

GOMOIS. — Comment, monsieur Hotzeplotz?... Mais je suis son père. Je vous assure que quand elle sourit, eh bien, cela me fait plaisir...

HOTZEPLOTZ. — Vous ne savez pas ce que c'est que son sourire! monsieur Gomois! Vous ne l'avez jamais vu. Personne ne l'a jamais vu, en dehors de moi. *(Il se touche le front.)* Actuellement, ce sourire est là... Il n'existe que là! Pour que vous le voyiez, ce sourire, pour que tout le monde le voie, il faut qu'il vienne. *(Il suit du doigt la ligne de son bras.)* Il faut qu'il vienne jusque là, au bout de mon pinceau, à cet endroit précis, sur cette toile! Alors on le verra et je pourrai disparaître: il existera définitivement. Pour le moment, il est à peine fixé en moi. J'en retiens éperdument l'image fugitive. Et pourquoi? Parce que, moi-même, je ne l'ai pas assez vu... Parce que je n'ai pas assez regardé votre fille...

GOMOIS. — Mais, monsieur Hotzeplotz, regardez-la tant que vous voudrez!

HOTZEPLOTZ. — Mais, monsieur Gomois, comment voulez-vous que je la regarde! Où est-elle, votre fille, où est-elle?

GOMOIS. — Je vais la faire chercher.

HOTZEPLOTZ. — Il viendra une jeune fille qui répondra au nom de Lucie, mais qui ne sera plus celle que j'ai connue. Mon modèle n'existe plus, puisqu'il a cessé de sourire.

GOMOIS. — Ah! oui, je commence à entrevoir quelque chose. Elle vous a fait ses confidences! Elle vous a dit que nous n'étions pas d'accord pour ses petits projets de mariage! Mais, enfin, monsieur Hotzeplotz, pour que vous retrouviez votre modèle, vous n'exigez pas que je marie ma fille contre mon gré!

HOTZEPLOTZ, *avec un calme d'iceberg.* — Je n'exige rien, monsieur Gomois... Assez causé. Nous ne nous entendrons jamais. Je vais quitter cette maison où je suis entré avec tant d'espoir. Il y a une heure, j'étais le plus heureux des hommes, et l'égal des plus grands. Maintenant, je suis le plus petit, le plus chétif, le plus en détresse. Adieu. (*Changeant de ton et très câlin.*) Si vous désirez utiliser ces toiles que je vous ai fait acheter, je vous enverrai un peintre. (*Souriant.*) ce que vous appelez un peintre. Il fera votre portrait en huit séances, avec ou sans barbe. Il vous fera le portrait de Mlle Lucie, à votre choix, avec ou sans sourire, pour orner le salon de monsieur votre gendre, quand vous aurez agréé un gendre qui aura une position. Adieu!

Il va pour sortir, mais Gomois le retient.

GOMOIS. — Monsieur Hotzeplotz, vous ne pouvez pas partir comme ça! (*Il le tient par le bras.*) Vous comprendrez, monsieur Hotzeplotz, qu'il faut bien que je songe un peu au bonheur futur de ma fille.

HOTZEPLOTZ, *le regardant avec compassion.* — Le bonheur de votre fille! Monsieur Gomois, est-ce que vous l'avez entre les mains? Vous ne savez rien de l'avenir, entendez-vous? La seule chose dont vous soyez sûr, c'est de sa joie présente. Ne faites pas le malin, monsieur Gomois. Ne soyez pas plus fort que le Destin! C'est déjà bien joli d'avoir une occasion de créer de la joie actuelle...

GOMOIS, *embarrassé.* — Il y a du vrai dans ce que vous dites... C'est assez juste...

HOTZEPLOTZ. — Mais comment voulez-vous que je dise autre chose que des choses justes!

GOMOIS. — Évidemment on n'est jamais sûr du bonheur futur.

HOTZEPLOTZ. — Et l'on est sûr du bonheur présent.

GOMOIS. — Écoutez, monsieur Hotzeplotz, peut-être que, si j'examine de plus près ce projet de mariage auquel je n'ai pas encore songé très longuement, si je m'y habitue, j'arriverai à envisager... Ne brusquons pas les choses... Laissez-moi trois jours... deux jours... jusqu'à demain...

HOTZEPLOTZ. — Demain! Demain! Demain! Mais, monsieur Gomois, d'ici à demain mon modèle n'existera plus! Vous infligez à votre fille vingt-quatre heures de douleur supplémentaire qui feront d'elle un être plus usé, plus âgé... En martyrisant cette enfant...

GOMOIS. — En martyrisant... Voyons! Est-ce que c'est une vraie douleur?

HOTZEPLOTZ. — Vous voulez m'apprendre à moi, qui suis peintre, ce que c'est qu'une vraie douleur!... Mais sa douleur, à votre fille, monsieur Gomois, est

tellement vraie que je me demandais si je ne devrais pas la rendre plus malheureuse encore pour arriver à la véritable synthèse de la Douleur...

GOMOIS, *l'interrompant.* — Ah! bien non! ça, tout de même, je n'y tiens pas... J'aime mieux la voir souriante et heureuse...

HOTZEPLOTZ. — Moi aussi. Je ne sens pas le tableau de la Douleur. Je ne sais pas s'il viendrait ou s'il ne viendrait pas... Tandis que le Sourire, ça y est... Que dis-je, ça y est... ça y était!... Maintenant, ça n'y est plus...

GOMOIS, *dans un élan, le saisissant.* — Eh bien, monsieur Hotzeplotz, ça y sera! ça y sera!

HOTZEPLOTZ, *avec âme, lui pressant la main.* — Ça y sera!

GOMOIS. — Ça y sera! Si vous, monsieur Hotzeplotz, qui vous y connaissez, vous pouvez croire que ma fille est vraiment malheureuse, eh bien, je ne peux pas endurer cette idée, et je veux qu'elle soit heureuse. Après tout, ce petit garçon n'a pas de position, maintenant, mais fatalement, un jour, il en aura une...

HOTZEPLOTZ, *chaleureux.* — Certainement!

GOMOIS. — Alors, en attendant, j'aurai donné de la joie à cette petite...

HOTZEPLOTZ, *sévèrement.* — Et vous aurez doté le monde d'un chef-d'œuvre. Vous aurez fait acte de toute-puissance, monsieur Gomois. (*Il l'entraîne.*) Maintenant, ne perdons pas de temps, allez tout de suite annoncer à votre fille...

GOMOIS, *s'en allant.* — Oui, tout de suite.

La cuisinière ouvre la porte à ce moment.

LA CUISINIÈRE. — C'est monsieur Henri.

GOMOIS, *à la bonne.* — Faites entrer. (*A Hotzeplotz.*) C'est le petit jeune homme en question. (*A la cuisinière.*) Marie, comment se fait-il que c'est vous qui ouvriez la porte, et non la femme de chambre?

LA CUISINIÈRE. — La femme de chambre ne peut pas. Elle est toute une dans la serre! (*Gomois la regarde avec stupéfaction.*) Voici monsieur Henri.

Scène VII

LES MÊMES, HENRI, *qui entre et salue les autres.*

GOMOIS, *à part.* — Oh! comme il est jeune!

HOTZEPLOTZ, *le regardant.* — Tiens! c'est un triste! Il a l'air plutôt triste.

GOMOIS. — Henri, j'ai quelque chose à t'annoncer... et, toute réflexion faite, je suis revenu un peu sur ton compte.

HOTZEPLOTZ, *l'examinant.* — Il sourit... ça lui va mal...

GOMOIS. — Et voici ce que j'ai décidé...

HOTZEPLOTZ, *l'arrêtant.* — Attendez! Attendez! (*A lui-même.*) Le sourire lui va mal. (*A Gomois.*) Attendez! (*A Henri.*) Bonjour, monsieur. Monsieur Gomois ne charge de vous dire qu'il a réfléchi... mais que, toute réflexion faite, il vous trouve trop jeune...

GOMOIS. — Mais, monsieur Hotzeplotz...

HOTZEPLOTZ. — Laissez-moi... (*A Henri.*) Il vous trouve trop jeune pour épouser maintenant sa fille.

HENRI, *baissant et triste.* — Oh! oh! je m'en doutais, mais c'est effrayant!

HOTZEPLOTZ. — Bien ça! Bien ça!

GOMOIS. — Mais enfin, qu'est-ce que ça veut dire!

HOTZEPLOTZ, *reprenant confiance.* — Laissez-moi... Et, comme il ne peut pas attendre dix ans pour marier sa fille, il est décidé qu'elle en épousera un autre...

HENRI. — Oh! c'est effrayant, mon Dieu! C'est effrayant, ce que vous me dites là!

HOTZEPLOTZ, écartant les mains d'Henri qui se cache la figure, et examinant le jeune homme avec attention. — Le mariage se fera dans trois semaines...

HENRI, il marche avec agitation, en pleurant. — Oh! c'est abominable!

HOTZEPLOTZ, le poursuivant. — Elle s'en ira en Italie avec un autre... Elle s'en ira dans l'Engadine... Un autre enlacera sa taille... un autre caressera ses blonds cheveux...

HENRI. — C'est affreux! C'est atroce! C'est abominable!

Il tombe exténué sur le canapé.

HOTZEPLOTZ, le regardant. — Non, ce n'est pas intéressant... Ça n'est pas intéressant... Il peut sourire ou pleurer, ça m'est complètement égal... (A Henri.) On vous accorde la main de cette jeune fille...

Gomois, stupéfait, le regarde.

GOMOIS. — Monsieur Hotzeplotz...

HOTZEPLOTZ, à Gomois. — Allez vite annoncer à votre fille que vous lui donnez ce petit jeune homme... (Montrant Henri.) Ça, c'est insignifiant, quelconque... Donnez-lui votre fille, donnez-lui votre fille...

HENRI, se roulant de joie. — Mon oncle! Mon oncle!... Alors, je puis l'annoncer à mon patron?

HOTZEPLOTZ. — Oui, annoncez-le à qui vous voudrez, mais allez! allez! C'est fait! C'est fait!

HENRI, allant à Gomois. — Mon oncle, je veux vous remercier...

HOTZEPLOTZ. — Laissez-le! Laissez-le! Qu'il aille annoncer ça à la petite.

HENRI. — Je vais annoncer ça à mon patron...

HOTZEPLOTZ. — Oui, on vous l'a dit. Filez! (Gomois sort à gauche, Henri par la droite. Hotzeplotz se place devant sa toile, fait deux ou trois traits. Puis il regarde du côté où est parti Gomois, en donnant des signes d'impatience. La cuisinière frappe à la porte de droite.) Qu'est-ce que c'est encore?

LA CUISINIÈRE. — Monsieur, c'est un ouvrier que vous avez demandé pour enlever la tenture.

Scène VIII

HOTZEPLOTZ, L'OUVRIER

HOTZEPLOTZ. — Ah! oui, qu'il vienne tout de suite. (Entre l'ouvrier avec une échelle.) Tant que cette hideuse tenture rouge sera là, je ne pourrai pas travailler... Dépêchez, dépêchez! (L'ouvrier monte sur l'échelle et se met à décrocher la tenture. Tout à coup, Hotzeplotz qui l'a observé distraitement d'abord, puis avec attention, lui crie:) Arrêtez! Arrêtez! Ne bougez plus!

L'OUVRIER. — Pourquoi ça, monsieur?

HOTZEPLOTZ, con... — Ne bougez plus, je vous en conjure! Oh! ce geste de bras! (Très agité, il enlève précipitamment du chevalet la toile du Sourire et met à la place une autre toile, toute blanche.) Ne bougez plus, je vous en supplie à mains jointes! Oh! ce geste de bras!

tout le geste du travail humain! (Il commence à dessiner.)

L'OUVRIER. — Ça va-t-il durer longtemps comme ça, monsieur?

HOTZEPLOTZ. — Oui!... Non!... Restez le temps qu'il faudra... Vous ne vous en repentirez pas. (Oppressé, tout en dessinant.) Oh! ce mouvement de bras! Tout le labeur de la race est là dedans! Toute l'humanité qui s'efforce, qui peine, qui ahane! Oh! j'arrêterai là, sur ma toile, la synthèse du travail éternel!

GOMOIS, rentrant. — Eh bien, soyez heureux! Elle a repris son sourire, (il peut vous regarder.) Il travaille déjà. (A Mme Gomois et à Lucie, qui entre.) Il va être content!

LUCIE. — Et moi aussi, papa.

Mme GOMOIS. — Et moi aussi, va!

GOMOIS. — Mais j'suis peut-être importun. Ce petit Henri est tellement jeune!

Scène IX

HOTZEPLOTZ, GOMOIS, Mme GOMOIS, LUCIE, HENRI, L'OUVRIER

HENRI, entrant en coup de vent. — Mon oncle! Le bonheur n'arrive jamais seul! En apprenant que je vais être votre gendre, mon patron m'associe! Il m'associe!

GOMOIS. — Ah! ça, c'est bien!

Mme GOMOIS. — Oh! quel bonheur!

GOMOIS. — Tout ça, grâce à monsieur Hotzeplotz! (A Hotzeplotz.) Monsieur Hotzeplotz, regardez ma fille!

Hotzeplotz se retourne, sourit vaguement à Lucie, et se remet à travailler.

HENRI, à Hotzeplotz. — Monsieur, vous avez entendu, mon patron m'associe... Il m'associe, il m'associe!

HOTZEPLOTZ, sèchement, un peu nerveux. — Compliments... (D'un ton rogue.) Messieurs et mesdames... et madame, mademoiselle, voulez-vous me faire un grand plaisir?

GOMOIS. — Oh! monsieur Hotzeplotz, nous n'avons rien à vous refuser.

Mme GOMOIS. — Penseriez-vous! le bienfaiteur de la famille!

HOTZEPLOTZ. — Eh bien, allez-vous-en!... Allez-vous-en, allez-vous-en de la maison... Que je ne vous voie ni ne vous entende plus!

Gomois et les autres se dirigent doucement vers la porte.

L'OUVRIER. — Ça sera-t-il encore long, monsieur?

HOTZEPLOTZ, d'une voix terrible. — Ne bougez plus! Monsieur Gomois vous donnera deux mille francs. (A Gomois.) Deux mille francs, c'est assez. (A l'ouvrier.) Mais ne bougez plus!

L'OUVRIER. — Deux mille francs!

HOTZEPLOTZ. — Ne bougez plus! (Aux autres.) Allez-vous-en! (A lui-même.) Tout le labeur de la race...

Le rideau tombe pendant qu'Hotzeplotz s'est remis lentement.

RIDEAU

critiques en protestant de leur amour de la patrie armée ; au surplus, cette lettre que notre éminent collaborateur, M. Henri Lavedan, adressait à M. Gabriel Nigond dès le lendemain de la première lui est, sur ce point, une caution dont on ne saurait discuter la valeur et qui doit figurer ici, à l'ordre du jour :

« Cher ami,

« Je veux, dès le lendemain de la victoire, vous dire tout le plaisir élevé que m'a donné votre pièce. Elle est courageuse et d'une dignité parfaite. En effet, vous n'avez exprès, loyalement, étalé les horreurs de la guerre que pour mieux montrer par quoi elles se rachetaient, se relevaient et montaient en grade.

« Vous nous en avez fait sentir et toucher du doigt — dans les plaies mêmes — la sainte justification. L'ennoblissement, l'esprit caché et comme quoi toutes ces dures épreuves sont la rançon nécessaire et fatale de la gloire, de l'honneur, de la bravoure, de la pitié, du dévouement au pays, de toutes les grandes vertus militaires, nationales, qu'elles font, dans la sublime misère de la lutte, ruisseler comme le sang et éclater comme les bombes.

« Votre déserteur de 1812, ne donne qu'une envie, celle qu'il a trop tard celle de se battre. Et rien n'est d'un plus poignant émoi que l'héroïsme de Janet, créé par Gémier, avec une si sobre puissance, dansant et chantant sous les neiges de la Russie.

« Or, « la gaieté dans le péril et dans le devoir » c'est bien là, la plus pure tradition française.

« Je vous serre la main, cher ami, en vous criant : Bravo ! »

**

La mise en scène de 1812 est pleine de vie et de couleur ; et les interprètes : Mme Cheirel, truculente Grenadière ; Mme Jeanne Even, mère douloureuse ; Mlle Massart, âpre et vieille campagnarde ; Mlle Focer, à l'exaltation juvénile et touchante ; Mlle Mirval, ardente et plantureuse ; MM. Llais, Maxence et Flateau, méritent d'être cités — et ce n'est pas au moindre éloge — aux côtés de leur chef, M. Gémier, si bon et si vaillant garçon au début, quand il s'agit d'aller se battre, si gaiement héroïque ensuite, quand il s'agit de mourir sous la neige et les bombes ; si grandiosement résigné enfin, quand il s'agit de continuer à vivre dans un obscur et perpétuel sacrifice.

Le Peintre exigeant, à la Comédie-Française

LE *Peintre exigeant* est le premier ouvrage de M. Tristan Bernard joué, en inédit, par la Comédie-Française, qui s'était déjà approprié *l'Anglais tel qu'on le parle*.

M. Tristan Bernard en l'écrivant pour la Maison de Molière n'a eu, sans doute et avec raison, qu'un soin, celui de le composer le plus simplement du monde, avec l'essentiel de son talent, et de la sorte il est arrivé ceci, constaté à la représentation, qu'il s'est, sans apparence de recherche comme sans effort, égalé aux classiques, entre les œuvres desquels sa pièce va prendre place dans le répertoire.

Pourtant, certains habitués de la Maison firent cette remarque, le jour de la répétition générale : « Cette pièce n'est pas Comédie-Française », mais à cela M. Adolphe Brisson répond avec beaucoup de justesse, dans le *Temps* :

« On a reproché à cette pochade d'atelier l'énormité de sa verve, son manque de mesure et de tenue. N'examinons pas, Si *le Mariage forcé* et le *Médecin malgré lui* étaient représentés demain rue Richelieu, ces farces, que leur grand âge a rendues vénérables, encourraient apparemment, un pareil reproche. »

Pour M. Léon Blum aussi, dans *Comœdia*, cette comédie se relie à la tradition moliéresque :

« Elle fait penser aux *Femmes savantes* et au *Bourgeois gentilhomme*, non seulement par la matière mais par le procédé. Comme chez Molière, le comique y est obtenu par l'isolement et le grossissement, dans chaque caractère, d'un sentiment ou d'un état unique, et ainsi un tour léger de placement de point de vue suffisent pour que la vérité soit le dessus et que cette fantaisie charmante et gaie reste là l'assaut d'une grave et profonde amertume de mœurs. Jamais peut-être M. Tristan Bernard n'avait traité un sujet plus difficile. Et au lieu de le louer d'avoir rempli son dialogue des traits les plus plaisants et des réflexions les plus profondes, or qui est avec lui un compliment banal, je préfère le louer d'avoir entrepris un sujet, dont le développement entier eût exigé sans doute plus d'espace, mais qu'il n'a pu traiter, comme il l'a fait, en un acte d'une gaieté constante et constamment renouvelée, que par un vrai tour de force. »

M. Henri de Régnier, dans le *Journal des Débats*, estime également que le *Peintre exigeant* est une admirable farce qui sera classique demain :

« Cette savoureuse comédie est pleine d'observation et de fantaisie, mais d'une fantaisie qui s'appuie toujours sur un fond de vérité et qui, dans son outrance la plus comique, sait toujours rester naturelle et ressemblante ! Vraiment ce *Peintre exigeant* de M. Tristan Bernard a de quoi dérider les spectateurs les plus moroses... M. Tristan Bernard est vraiment, comme M. Georges Courteline, un des maîtres du rire, de ce rire dont s'esclaffaient nos pères aux mésaventures de Pourceaugnac et aux singeries de Mascarille. »

M. François de Nion observe, dans l'*Écho de Paris*, que ce titre même : le *Peintre exigeant*, donne l'impression d'une comédie ancienne :

« L'acte de M. Tristan Bernard en a l'allure, et je ne crois pas que, depuis *les Précieuses ridicules*, on ait aussi nettement et crûment mis en scène la sottise bourgeoise voulant s'élever à l'art et se faisant bafouer. »

M. Raoul Aubry écrit, de son côté, dans *le Bias* :

« Lorsqu'il s'attaque à des œuvres d'imagination, Tristan Bernard montre un dédain de la logique théâtrale qui, parfois, étonne le spectateur. Mais, dans les pièces en un acte, où l'essentiel est l'originalité du sujet et le piquant de l'exposition, sa maîtrise est incomparable. La fantaisie du *Peintre exigeant* nous a ravis.

« Et le dialogue en est exquis ; il nous procure vingt-cinq minutes d'un plaisir à la fois délicat et violent. Les bourgeois amateurs d'art y sont joliment raillés, et aussi les mauvais peintres. Il y en a pour tous les ridicules, avec une pareille bonne humeur et une parfaite équité. »

M. Francis Chevassu, dans le *Figaro*, déclare considérer le *Peintre exigeant* comme une grosse farce d'une conception originale et d'une exécution tout à fait divertissante.

Et M. Félix Duquesnel qualifie, dans le *Gaulois*, cette pièce de « monologue de caractère » car la figure du peintre occupe toute la toile, les autres personnages n'étant là que pour la réplique :

« La figure est burlesque, un peu caricaturale même, mais très saisissante. Elle a, d'ailleurs, des ancêtres et rappelle parfois le rapin de *Jérôme Paturot*, de Louis Reybaud. On peut dire, d'ailleurs, que ce sont là des types de tous les temps. »

**

Cette petite pièce est admirablement jouée, par tous : MM. Siblot et Grandval, Mme Kolb, Mlles Lifraud et Dussane figurent avec un talent égal leurs personnages simples, naïfs, un peu ahuris tour à tour par les exigences du peintre... Et celui-ci, M. Georges Berr, est merveilleux d'entrain dans l'inconséquence et de dérision dans l'extravagance ; ses entrées, ses intonations, ses regards, sont d'une adresse, d'une malice qui soulignent — parfois beaucoup — les exagérations mesurées d'auteur, qui ajoutent encore à annexes caricatural.

GASTON SORBETS.

Le Directeur : René Baschet.　　　Imprimerie de L'Illustration, 13, rue Saint-Georges, Paris (9e).
L'Imprimeur-Gérant : A. Chatenet.

9 782329 238579